LE CHRISTIANISME EXPLIQUÉ

LE CHRISTIANISME EXPLIQUÉ

David Pawson

ANCHOR

Copyright © 2025 David Pawson Ministry CIO

Le droit de David Pawson à être désigné comme l'auteur de ce livre à été déclaré par lui-même selon les dispositions légales du Droit d'auteur, des Design et des Brevets (Décret de 1988)

Tous droits réservés.

Publié en Grande Bretagne par
Anchor which is a trading name of David Pawson Publishing Ltd
Synegis House, 21 Crockhamwell Road,
Woodley, Reading RG5 3LE

Aucune partie de cette publication ne peut être reproduite ni transmise en aucune façon, par aucun moyen, électronique ou mécanique, ni être photocopié, enregistré, ni conservé par aucun moyen de stockage et ou de saisie informatique sans l'autorisation écrite de l'éditeur.

POUR OBTENIR DES TÉLÉCHARGEMENTS GRATUITS
www.davidpawson.org

Pour plus d'informations, envoyez un courriel à
info@davidpawsonministry.com

ISBN 978-1-917360-16-6

Printed by Ingram Spark

Table Des Matières

	Avant-propos	7
1	Dieu existe-t-il ?	9
2	Dieu est-il bon ?	21
3	Dieu, qui est-il vraiment ?	33
4	Ne sommes-nous que des singes nus ?	43
5	Qui donc était Jésus sur terre ?	53
6	Sa mort fut-elle un meurtre ou un suicide ?	63
7	Où est-il maintenant ?	75
8	Que signifie être sauvé ?	85
9	Comment peut-on devenir chrétien ?	95
10	Et le Saint-Esprit dans tout ça ?	105
11	Comment entretenir la flamme ?	117
12	Et l'Église dans tout ça ?	129
13	Comment tout cela finira-t-il ?	139
14	Où trouver plus d'informations ?	147

AVANT-PROPOS

Il y a quelques années, je désespérais de trouver un Dieu réel – pas seulement quelqu'un à l'intention duquel chanter des hymnes – et deux livres m'ont rapidement permis de le repérer. Aucun d'entre eux n'était la Bible : il restait pour ce faire à la vie de l'Esprit d'attiser une grande faim en moi.

L'un d'eux fut celui que vous avez en main. Ce qu'il a réalisé en moi, je peux le dire rétrospectivement, fut d'élaguer de mon esprit rempli de confusion toutes ces épaisses broussailles qui s'accumulent de l'enfance à l'âge adulte. J'appelle ces broussailles, la « religion ».

Elle encombre de plus en plus ceux d'entre nous qui, élevés dans la tradition, sont allés à l'église tous les dimanches. On y a appris les bonnes prières, se mettre à genoux au bon moment, et assimilé une partie du jargon, mais sans vraiment savoir si Dieu existe. Sans savoir comment entrer en contact avec lui. On écoute sagement sur son banc, l'esprit un peu ailleurs, toute une série de sermons sur toutes sortes de propositions mystiques. Tant de prédicateurs, enivrés par leur théologie, donnent pourtant l'impression de manquer d'assurance, sans parvenir à présenter des vérités simples, les fondamentaux.

Dieu existe-t-il ? Comment le savoir ? Est-il encore en vie aujourd'hui ? Aller à l'église le dimanche suffit-il à faire de moi un chrétien ?

J'en étais donc là, un peu confus, sans savoir vers qui me tourner, et un jour j'ai trouvé ce livre sur une étagère. Avec beaucoup de clarté, David Pawson m'a pris par la main et fait passer au travers des broussailles ; bientôt, j'ai vu la lumière briller au bout du tunnel, et c'est avec une impatience croissante que j'attendais d'entrer dans tout l'éclat de sa chaleur. Alors j'ai pu rouler le dernier rocher qui obstruait ma route : grâce à son chapitre sur la conversion complète que Dieu a préparé pour nous. J'ai lu la liste de ce qu'il décrivait comme « les tests bibliques qu'il nous faut tous passer », et il m'est apparu que j'étais loin de les avoir tous réussis.

Comment pourrais-je rencontrer cet homme, et lui poser des questions sur sa proposition ? Je me suis dit que le mieux serait encore de lui écrire, en passant par son éditeur. C'est ensuite qu'un ami proche, ancien footballeur professionnel du nom d'Harry Hughes, m'a invité à parler des Jeux olympiques (si ma mémoire est bonne) à l'occasion d'une réunion de milieu de semaine réservée aux hommes de son église. L'église était à Guildford : je n'en savais rien de plus. J'y suis allé avec Harry ce soir-là, et il m'a présenté au pasteur. C'était David Pawson !

Le lendemain, nous avons passé ensemble de longues heures, qui m'ont beaucoup marqué : Enid, sa femme, remplissait fidèlement de café nos tasses, et pendant les quelques années suivantes, je faisais des kilomètres tous les dimanche soir pour suivre ses enseignements sur la Bible. Ce fut une révélation, et pour une foule d'autres personnes aussi.

Le Seigneur nous réunissait. Nous nous rencontrons moins souvent depuis, mais quand cela nous arrive, un courant d'amour nous relie et c'est un bonheur de partager ce que nous comprenons de l'œuvre et des paroles de Dieu.

Il m'est fait ici l'honneur de passer le relais à d'autres personnes pour que, comme je l'espère, elles s'initient à leur tour à ces vérités fondamentales. Ces quelques mots sont aussi une façon bien modeste d'exprimer à David ma gratitude. Je remercie surtout Dieu de m'avoir permis, grâce à David, entre autres, de me lancer dans cette aventure voilà une trentaine d'années. Je n'aurais pas manqué ça pour tout l'or du monde.

GERALD WILIAMS
Commentateur sportif
Avril 1988

Chapitre Un

DIEU EXISTE-T-IL ?

Je faisais une conférence dans une université et une jeune fille de 17-18 ans m'a interrompue pour se plaindre que je n'arrêtais pas d'utiliser un mot dont elle ne connaissait pas le sens. Je supposais qu'elle faisait allusion à une pièce de choix du jargon théologique, mais en fait elle butait sur le mot « Dieu ». « Qu'est-ce que c'est ? A-t-elle demandé. Qu'entendez-vous par ce mot ?

Un autre étudiant m'a dit que ma façon d'utiliser ce terme, « Dieu », était vraiment très différente de la sienne. Il m'a expliqué qu'à ses yeux « Dieu » impliquait « les sentiments religieux – les siens, et ceux d'autres gens. Je lui ai demandé si son Dieu cesserait d'exister s'il ne restait plus de gens pour éprouver ces « sentiments religieux », et il m'a répondu par l'affirmative.

Il existe dans le monde tellement d'acceptions de « Dieu » qu'il peut sembler impossible d'en dire quoi que ce soit de sérieux. Après tout, personne n'a jamais vu Dieu, et c'est pourquoi certains sont enclins à abandonner leur recherche avant même d'avoir vraiment commencé.

Il est indispensable de commencer avec quelque chose de tangible, qu'on puisse soumettre à examen, et le point de départ le plus évident c'est l'univers lui-même. Il est là, et son existence même pose une question fondamentale : comment a-t-il pu exister ? Il me semble étrange que bien des gens qui prétendent vouloir connaître Dieu ignorent une question aussi basique.

On dispose de nos jours de quatre réponses différentes. La première me semble ahurissante, mais beaucoup de gens y croient et on ne peut donc l'ignorer. D'après eux, la réponse à la question « Comment l'univers a-t-il pu exister ? », c'est… qu'il n'existe pas. L'univers n'est pas vraiment « là ». Tout cela n'est que le fruit de l'esprit, une illusion. La matière n'existe tout simplement pas.

La deuxième réponse est de plus en plus populaire ces derniers temps : l'univers a toujours existé. Il a changé, il s'est développé et a évolué, mais la matière a toujours existé. Cette idée est au moins aussi ancienne que la Grèce antique, et a le mérite d'être une alternative rationnelle à la croyance que l'univers a été créé. Mais les recherches modernes sur l'univers et ses origines rendent cette position de plus en plus difficile à défendre. Un nombre croissant de scientifiques croient que l'univers n'est pas infini dans l'espace ou le temps ; qu'il a eu un commencement, et aura une fin.

La troisième réponse pourrait se résumer en un mot : le hasard. À un certain point très reculé dans l'histoire, le rien est devenu quelque chose : c'est par hasard que les ingrédients adéquats se sont combinés pour provoquer une « création » spontanée. Bien sûr, ce point de vue présuppose l'existence préalable des ingrédients de base de la matière, ce qui semble nous laisser sur notre faim quant à notre point de départ ! Franchement, je pense qu'il faut bien plus de foi pour être athée que pour croire en Dieu.

La quatrième réponse est religieuse : cet univers a été créé, et le fait même de son existence apporte la preuve qu'il doit exister une puissance, une intelligence supérieure à l'univers, qui a voulu son existence. Cette « puissance », cette intelligence, c'est l'être que nous nommons « Dieu ».

Supposons qu'en explorant une région désertique avec quatre amis, vous tombiez sur un fabuleux palais. Chacun de vos amis a proposé une explication de son existence. « Ce n'est qu'un mirage », déclare le premier – même après vous être cogné la tête contre des murs bien solides.

« Il a toujours été là », suggère le second. « Il est aussi vieux que la terre elle-même ».

« Il s'est construit là tout seul », propose le troisième, « par un remarquable processus gouverné par le hasard ».

« Il a été édifié par un architecte célèbre », dit le quatrième.

« Je l'ai moi-même rencontré ».

Lequel croire ?

La Bible dit que « par les choses qu'il a faites la puissance de Dieu et sa divinité se voient clairement » (Romains 1:12). En d'autres termes, le fait qu'elles existent est la preuve de l'existence de Dieu. Donc, un homme capable de regarder l'univers autour de lui et de dire « il n'y a pas de Dieu » nie sa propre raison et s'exclut de lui-même de voir un jour la vérité. Sans même ouvrir la Bible, l'homme peut donner du contenu à ce mot « Dieu ». On sent bien que, sous-jacent aux choses que nous voyons, il doit bien exister une puissance supérieure à elles. Et les gens ont toujours cru que ce pouvoir est Dieu.

Certes, parfois, ceci s'est exprimé sous la forme de croyances en de nombreux dieux, et même en des « corps célestes ». Mais si nous remontons aux origines de l'histoire humaine, nous constatons qu'au début, les hommes ne croyait pas en plusieurs dieux, mais en un seul, et qui avait tout créé. Plus tard seulement, ça a dégénéré en une croyance en une pluralité des dieux, y compris ceux des rivières, des montagnes, du soleil et de la lune.

En Afrique centrale, il existe aujourd'hui un groupe de gens que la civilisation a largement ignoré – les Pygmées – chez lesquels on constate un grand nombre des caractéristiques qu'avaient l'homme à l'époque primitive, dans sa grande simplicité. Entre autres, la croyance en un Dieu qui a fait le monde et tout ce qui s'y trouve. Les primitifs Maoris de Nouvelle-Zélande croyaient en un créateur suprême, à l'origine de toute existence, et leur façon de raconter comment le monde est venu à l'existence ressemble de façon frappante à la Genèse. Hélas, cette croyance s'est muée plus tard en la croyance aux dieux de la guerre et de la paix, de la forêt et de l'agriculture, de la mer et du ciel. (Pour lever toute ambigüité maintenant, notez bien que je parle de l'histoire des idées, sans discuter les croyances des membres des diverses sociétés d'aujourd'hui, dont nombre d'entre elles, évidemment, sont chrétiennes.)

Non pas que Pygmées ou Maoris primitifs aient joui de quelques extraordinaires vertus ou intuitions. Des yeux humains sans sophistication ont regardé le monde tel qu'il est et leur esprit simple leur a permis d'arriver à la conclusion qu'il a été créé par un seul Dieu. Nous n'avons pas besoin de la Bible pour le savoir.

Nous n'avons pas non plus besoin de la Bible pour nous dire d'autres choses sur Dieu, car nous pouvons les déduire à l'aide de nos yeux et notre esprit. Énumérons certaines de ces vérités évidentes sur Dieu.

Tout d'abord, c'est sans doute un Dieu d'une puissance stupéfiante. Chaque minuscule atome dans l'univers est rempli d'une puissance potentielle phénoménale. L'homme met en œuvre une énorme puissance pour lancer trois quarts de tonne de métal dans l'espace, pour le sortir du champ gravitationnel terrestre. Par comparaison, essayons de visualiser quelle puissance serait nécessaire pour mettre la terre en orbite, ou fournir au soleil l'énergie dont il remplit notre système solaire ? C'est cette puissance-là qui est à la disposition de Dieu – une puissance inconcevable.

Ensuite, c'est sans conteste un Dieu à l'intelligence extraordinaire. Après tout, l'homme se targue d'une grande intelligence parce qu'il parvient à comprendre l'univers dans lequel il vit (bien qu'en fait, plus il le découvre, plus il constate l'ampleur de son ignorance). L'être qui a fait tout cela doit être infiniment plus intelligent encore.

Prenons un exemple : l'eau. Quelle incroyable complexité que cette substance apparemment simple qui assure à notre planète propreté, fertilité et fraîcheur. Les marées avancent et reculent sans cesse pour nettoyer nos côtes. Des milliards de litres d'eau s'évaporent dans le ciel tous les jours, avant de retomber sur la terre, souvent d'une altitude de plusieurs kilomètres – et pourtant avec tant de douceur, qu'elle permet la vie sans abimer plantes, animaux ou humains. Dieu n'est pas Tout-Puissant seulement, mais aussi très intelligent.

Il est également imaginatif. L'homme tente de créer de la variété, mais souvent ne réussit qu'à engendrer l'uniformité. Nous pouvons nous targuer de nos artistes et musiciens, bien sûr – ces personnes qui jouent de leur sensibilité et de leurs talents pour créer ou dire quelque chose de nouveau et d'original. Mais Dieu, le créateur, est l'artiste suprême, dont l'imagination est à l'œuvre dans tous les recoins de sa création, parée d'une variété infinie de couleurs, de formes et de textures.

Et puis, Dieu est unique – aucun autre esprit créatif n'est à l'œuvre dans notre univers. En fait, c'est ce qu'il est : un univers, pas un multivers. Aussi loin que nous puissions sonder l'espace, nous trouvons qu'il fonctionne selon les mêmes règles : gravitation et vitesse continuent de s'appliquer. Les lois de la physique restent valables. La conclusion inévitable c'est qu'il n'y a qu'un seul Dieu, une seule puissance, qui assure la gestion et la cohésion de l'univers qu'il a créé.

Si je regarde encore plus loin, je suis amené à tirer une autre conclusion : Dieu est personnel. Cela peut sembler plutôt osé, sur la seule base de mon expérience du monde qui m'entoure. Et pourtant, je crois que c'est la seule conclusion logique.

Quand je contemple le monde, l'homme représente la créature la plus élevée, la plus avancée et, apparemment, la plus importante, et sa personnalité, qui le distingue des animaux, semble constituer ce que l'univers contient de plus sophistiqué. Le Dieu qui a créé la personnalité, serait-il inférieur à sa créature ?

Puis-je le concevoir moins grand que moi, qui suis l'une de ses minuscules créatures mortelles ? Il peut être – en fait, il est vraiment – beaucoup plus grand que moi, mais ne saurait en tous cas m'être inférieur. Il peut être plus que personnel, jamais moins.

À ce point de mon raisonnement, toute une série de conséquences en découlent. Les signes distinctifs d'une personnalité renvoient à la faculté de penser, sentir, décider, parler et entrer en relation avec ses semblables. Il semble, logiquement alors, que Dieu aussi doit penser, sentir, décider, parler et être capable d'entrer en relation.

Donc, sans avoir recours à la Bible, j'en ai déjà appris beaucoup sur la nature de Dieu, tout simplement en restant assis à réfléchir. Peut-être l'une des raisons pour lesquelles certaines personnes ne trouvent pas Dieu, c'est qu'elles ne sont pas disposées à faire exactement cela. Néanmoins, s'asseoir et réfléchir a ses limites. Ayant abouti à des conclusions certaines sur la nature de Dieu, comment puis-je être sûr que tout cela n'est pas simplement du délire, des projections de mes propres idées ou besoins ? Comment puis-je être sûr que cela correspond à la réalité ?

Réponse : c'est impossible, si du moins cette recherche de la vérité est entièrement unilatérale. Une créature finie peut bien s'asseoir et réfléchir ici sur la terre et, en exerçant son cerveau, avoir des intuitions et des avis sur la nature de Dieu, mais il arrive bientôt un moment où la seule raison humaine plafonne. La seule contemplation ne peut nous emmener plus loin que des concepts dénués de la certitude et de l'autorité capables de changer la vie et nous pousser à nous engager.

Mais supposons que la recherche ne soit pas à sens unique. Supposons que ce Dieu personnel se soit adressé lui-même à nous. Et si les archives où il se révèle étaient toujours disponibles ? Alors, nous serions sans conteste en mesure de confirmer ou rejeter certaines des idées que nous nous sommes faites sur son compte par notre simple raison.

Les chrétiens croient (comme le suggère la raison) que Dieu est un Dieu qui a parlé, qui a volontairement révélé la vérité sur lui-même. Il l'a fait par le biais d'agents humains tout au long des siècles. Il a choisi une petite nation, Israël, comme canal de communication avec l'humanité.

De cette nation, il a choisi une poignée d'hommes – les prophètes – pour être ses porte-parole. Et à travers eux, il a donné à la race humaine une image de sa propre nature.

Cette image cadre-t-elle avec ce que nous avons déjà déduit ? Ou entre-t-elle en conflit avec ce que notre cerveau nous dit sur le monde qui nous entoure ? Ce qui est étonnant c'est que lorsque nous nous tournons vers la Bible, où sont archivées pour les siècles des siècles les paroles des prophètes de Dieu, nous constatons que tout ce que nous avait suggéré notre raison est confirmé par la parole révélée.

Dieu affirme, par exemple, être le créateur de l'univers. Voici les premiers mots de la Bible : « Au commencement, Dieu a créé ». Il a dit à Job, ce saint si disert de l'Ancien Testament, qu'il avait fait et planifié le monde bien avant que Job n'existe, et lui a demandé alors comment il osait discuter avec Dieu ? « Étais-tu là ? » lui demande-t-il. « As-tu mesuré le monde, lui demande-t-il ? As-tu dit à la mer, 'voici les frontières de ton rivage ?' » Job en est resté sans voix.

La Bible montre que Dieu est infiniment puissant. Le monde a existé quand il le lui a commandé. Sans aucune exagération, on peut dire que la création par Dieu c'est « Aussitôt dit, aussitôt fait ! » Dieu a dit, « Que la lumière soit »... et la lumière fut. Dieu a dit, « Que la terre regorge de vie », et c'est arrivé. Chaque fois qu'il parlait, il réalisait ce qu'il venait de dire. Cela, sans doute, est la marque d'une puissance infinie : quand il parlait, il créait.

Mais ce Dieu de puissance et de force nous a également dit qu'il est personnel. Son intelligence, son imagination et sa créativité s'expriment au travers de sa personnalité, de sorte qu'il pense, parle, sent, décide et entre en relation avec les autres êtres d'une manière personnelle. Tout cela ressort de sa propre révélation de lui-même dans la Bible, ce qui confirme, et même élargit, les concepts glanés à son propos au moyen du raisonnement.

On pourrait à ce stade objecter que Dieu, tel que je viens de le présenter, n'est rien de plus qu'un être humain amélioré. En effet, la même objection pourrait s'appliquer au portrait qu'en dresse la Bible. Un Dieu ayant des qualités personnelles s'expose facilement à la caricature, pour devenir un « vieil homme sur son nuage », rien de plus qu'un surhomme cosmique, avec des défauts et des défaillances humaines à l'avenant.

Le problème ici réside dans la question elle-même : « Dieu est-il comme nous ? » C'est un peu comme demander si le père d'un homme ressemble à son fils. C'est prendre le problème à l'envers. La Bible nous dit que nous sommes comme Dieu, « faits à son image et ressemblance ».

Mais cela ne veut pas dire que le plus grand est contenu dans le moindre et qu'il est comme nous. Bien sûr, à bien des égards sa personnalité est comme le nôtre (comme nous l'avons vu). Mais à bien d'autres égards aussi, il est totalement différent de nous – si différent que notre esprit est incapable de concevoir cette différence.

Il y a cinq domaines dans lesquels Dieu est éternellement différent de nous, et chacun est révélé dans la Bible.

Dieu est spirituel. Il est esprit : il ne peut être vu, touché ou localisé. Nous sommes liés à un emplacement particulier par notre corps, parce que les êtres matériels ne peuvent être qu'à un endroit à la fois. Mais un être spirituel n'est pas limité de la sorte. Dieu peut être partout. Il remplit toute sa création.

Il nous est très difficile de concevoir un Dieu qu'on ne peut appréhender par nos sens normaux du toucher, de la vue, de l'odorat et de l'ouïe. Dieu « voit », mais pas avec des yeux physiques. Dieu « entend », mais il n'a pas d'oreilles comme nous. Il nous permet d'utiliser ces expressions matérielles parce que les fonctions de notre corps correspondent, par leurs résultats, aux activités de Dieu, mais nous ne devons jamais commettre l'erreur de supposer que Dieu a des organes physiques semblables aux nôtres. Il est esprit, et c'est en esprit que nous devons entrer en relation avec lui.

Deuxièmement, il est omnipotent. Ce qui ne signifie pas que Dieu puisse faire n'importe quoi, mais qu'il peut faire tout ce qu'il veut. Quand j'étais à l'école, un copain est venu me demander : « Dieu peut-il faire n'importe quoi ? » Bêtement, je suis tombé dans le piège : « Oui, bien sûr ». « Peut-il faire un nœud qu'il ne puisse dénouer ? » Avant que la moindre réponse me vienne, il était déjà loin. Il m'a fallu des années pour comprendre que Dieu est tout-puissant, mais en ce sens qu'il peut faire tout ce qui est compatible avec lui. Par exemple, Dieu ne peut mentir et il ne peut pas se tromper.

Troisièmement, Dieu est omniscient : il sait tout. Il connaît l'avenir, ainsi que le passé. Rien ne lui est caché, et rien n'est au-delà de sa compréhension. Cela va sans dire, c'est un attribut unique à Dieu.

Quatrièmement, comme nous l'avons déjà vu, il est omniprésent : présent partout. Un petit garçon demande à son professeur si Dieu est partout. Dès qu'on lui répond oui, le petit garçon demande : « Dieu est-il dans mon encrier ? » Un peu à contrecœur, l'enseignant acquiesce. « Je le tiens ! », dit le garçon en bouchant l'encrier de sa main.

Ce gamin mérite la meilleure note en insolence, et autant en initiative, mais une très mauvaise en théologie. Dieu est partout, mais on ne peut le circonscrire à un lieu particulier. Il n'est pas restreint aux dimensions du lieu et de l'espace. Si je devais demander : « Seigneur, où sièges-tu dans l'univers ? » il pourrait répondre : « Vous n'avez pas posé la bonne question. L'univers ne me contient pas, c'est lui qui est en moi ». Comme Paul le dit aux intellectuels sur la colline de Mars à Athènes, « En Dieu nous vivons et agissons et avons notre être » !

Nous voici donc devant cet étrange paradoxe par rapport à Dieu : il est proche, si proche que je suis « en lui », et très loin, au sens qu'il est infiniment plus grand et plus sublime que tout ce que je peux imaginer, « il habite une lumière inaccessible ». Certaines personnes se plaignent d'avoir cherché Dieu sans l'avoir trouvé – pourtant il est plus proche d'eux que leur propre souffle. Les autres parlent de Dieu comme s'il était leur voisin de palier, alors qu'il est infiniment plus grand que n'importe quel être imaginable. En fait, nous avons besoin de tenir ces deux idées ensemble : un Dieu sublime et pourtant très proche, plus grand que l'univers lui-même, et néanmoins encore plus proche de moi que les battements de mon cœur.

Un autre attribut de Dieu, c'est qu'il est éternel, sans commencement ni fin. L'enfant qui demande : « Qui a fabriqué Dieu ? » peut se croire très intelligent. En fait, sa question est à peu près aussi sensée que, « Qu'est-ce qu'un cercle carré ? » Par définition, Dieu existe, tout simplement. Il ne peut y avoir eu un temps où il n'existait pas, et il n'y aura jamais un moment où il aura cessé d'exister. Sinon, il serait tout simplement un être fini comme nous, et n'aurait rien d'un « Dieu ». En fait, son « nom » dans la Bible, Jéhovah, signifie simplement « Je suis ». Car il est le temps présent, éternellement.

Évidemment, pas facile pour nous de le comprendre. En un sens, nous ne pouvons pas le saisir. Notre esprit est fini, et ne peut tout simplement pas comprendre l'infini. Nous avons tendance à dire que Dieu « a toujours été là », mais cela même est insuffisant. Dieu existe, à part entière, car cela fait partie de sa nature. « D'éternité en éternité, je suis Dieu », dit-il.

Tout être créé dispose de trois temps : n'existait pas (avant qu'il existât), est (maintenant) et ne sera plus (quand il aura cessé d'exister). Mais Dieu se décrit lui-même comme celui qui « était, qui est et qui vient ». En d'autres termes, il est toujours là.

Peut-être peut-on résumer cette image de Dieu en revenant à cette phrase qui dit que l'homme a été fait « à son image ». Comme nous l'avons déjà vu, cela ne signifie pas que Dieu est à notre image, qu'il est totalement « comme » nous. Mais que nous sommes « comme » lui, à certains égards importants.

Cependant, si nous tombons dans l'erreur de penser que Dieu est « comme » nous, alors nous risquons d'adopter une attitude trop familière avec lui, ce qui mène à l'irrévérence, et détruit tout sentiment de crainte et d'émerveillement quand on s'approche de celui qui est « au-dessus de tous ».

Inversement, si nous sommes obsédés par notre « dissemblance » d'avec Dieu, par sa grandeur et combien il est si loin de nous, alors nous ne l'appellerons pas « Père », et nous ne connaîtrons jamais son intimité dans la prière, ce qui est le privilège de ses enfants.

Peut-être la seule façon de réussir cet exercice de funambule entre les deux c'est de considérer la question en Jésus-Christ, le Fils de Dieu. En effet, la plus grande chose que Dieu ait jamais faite fut de rendre visite à cette planète en tant qu'être humain, introduisant ainsi la grandeur et la gloire de l'éternité au sein même de la vie quotidienne de l'humanité.

C'est pourquoi Jésus peut dire : « Celui qui m'a vu a vu le Père ».

Très honnêtement, toute autre image que celles proposées par Jésus est insuffisante. Mais quand nous voyons Jésus, nous avons trouvé Dieu.

Chapitre Deux

DIEU EST-IL BON ?

Si vous dites qu'un homme va venir chez moi, et que c'est une armoire à glace de 1m95 en chaussettes, avec les poings gros comme des citrouilles, je vous serai certes reconnaissant de m'en informer, mais je vous en demanderai un peu plus sur son compte. C'est quel genre d'homme ? Pacifique ou violent ? Irascible, ou paisible ? A-t-il un grief contre moi, ou vient-il en ami ? Une fois récoltées ces informations, je déciderai de dérouler le tapis rouge, ou d'ajouter six verrous à ma porte.

En d'autres termes, les comportements d'un homme sont, à certains égards, plus importants que ses attributs.

Nous venons d'examiner les attributs de Dieu – sa grandeur, sa puissance, son éternité, sa créativité, sa personnalité et ainsi de suite. Mais dans ce chapitre, nous passons à ce qui est encore plus important : ses attitudes. Que ressent-il ? Que veut-il ? Qu'est-ce qui motive ses actions ?

Je tiens à commencer par l'attitude morale de Dieu – ses prises de position en matière de morale. Un problème se pose alors immédiatement : c'est l'un des domaines où il est si contraire à nous-mêmes au point de nous le rendre presque impossible à comprendre.

Permettez-moi d'illustrer cela par l'une des pièces de Shakespeare, *Mesure pour Mesure*. Le thème de cette pièce est le dilemme qui se pose à des gens imparfaits qui tentent d'appliquer les lois de la morale parfaite. Il y est question, comme vous le savez, d'un juge, apparemment impartial, qui devient inique sous l'effet d'une tentation soudaine à la luxure. Il refuse d'offrir sa clémence à un jeune homme coupable du péché que lui-même envisage de commettre. La pièce sonde habilement toutes les questions que cela pose, et si l'on peut prétendre que Shakespeare ait abouti à une quelconque conclusion à leur sujet, elle peut se résumer sans doute par les paroles du Duc, vers la fin :

> *« On dit que les meilleurs des hommes sont façonnés par leurs défauts, Et la plupart se trouvent meilleurs d'avoir le cœur un peu mauvais. »*

En d'autres termes, dans un monde imparfait, nous devons apprendre à vivre avec l'imperfection, à adoucir la justice par la miséricorde et faire preuve de tolérance envers les travers d'autrui, sachant que nous avons souvent les mêmes défauts nous-mêmes.

Certes, à un certain niveau, voilà qui est fort raisonnable. Jésus nous dit de pardonner comme nous sommes pardonnés, et il se montra très cinglant envers les juges bien-pensants de la femme surprise en état d'adultère. Bien sûr, nous devons tempérer la justice appliquée à autrui avec de la miséricorde, et rappelez-vous que « en le condamnant, tu te condamnes, parce que toi qui juges, tu commets les mêmes choses », pour reprendre l'avertissement de Paul aux chrétiens de Rome.

Mais sur un autre plan, cette attitude de tolérance, si on pousse cette logique à l'extrême, risque d'abolir toutes les lois, tous les tribunaux, tous les policiers, tous les châtiments... mais pas tous les crimes ni tous les vices. Il peut être tentant de faire valoir qu'« il y a tant de bien dans le pire d'entre nous, et tellement de mauvais dans le meilleur, que chacun de nous serait mal placé pour critiquer autrui ». Mais, en fait, c'est la recette infaillible pour plonger dans l'anarchie morale.

Il est plus important de se demander quelle est l'attitude de Dieu dans cette affaire, plutôt que de se plier à la philosophie humaine populaire. Dieu est-il strict ou tolérant ? Est-il prêt à oublier mes imperfections morales, comme je suis prêt à fermer les yeux sur celles de mon voisin ? Ou se place-t-il sur un tout autre plan ? C'est important de le savoir, puisqu'il est dit dans la Bible que seul Dieu nous examinera tous un jour, pour juger chacun d'entre nous ; il importe donc de savoir quelle attitude sera la sienne ce jour-là.

Car Dieu n'est pas comme nous sur le plan moral. « Avec qui me compareriez-vous ? » demanda-t-il, car il savait d'avance la réponse, « À personne ». On ne peut le ranger dans aucune catégorie humaine (tolérance, sévérité, largesse d'esprit, facile à vivre, dur, etc.) parce qu'il ne fonctionne pas selon les présupposés humains.

Par exemple, Dieu est parfait, et il nous est presque impossible de réaliser ce que cela signifie, car on ne voit jamais de perfection dans l'existence humaine. C'est un fait d'expérience universelle : nul n'est parfait, il en est ainsi de la nature humaine. Toutes nos vertus (comme Shakespeare l'a montré si brillamment maintes fois dans ses pièces) sont accompagnées d'un vice qui les gâte et les déforme. Dès qu'on parvient à un peu d'humilité, on gâche tout par orgueil. Notre compassion pour autrui, une vertu, nous amène pour les protéger à dire de « pieux mensonges », ce qui est un péché. Le concept même de perfection morale est étranger à notre façon de penser et à notre expérience. Pourtant, la Bible nous dit que Dieu est absolument et parfaitement bon.

Il est tout à fait juste. Parmi la courte liste des choses qu'il ne peut pas faire, on trouve son incapacité à mentir, ou même à proférer une demi-vérité. Si Dieu dit quelque chose, c'est entièrement vrai.

Il est parfaitement juste. Souvent, les gens disent que Dieu a traité d'une manière injuste une personne ou une situation, mais la Bible le revendique : « le juge de toute la terre est juste ». À la fin des temps, personne n'aura motif à accuser Dieu d'injustice.

Cette équité absolue de Dieu permet au chrétien de faire face avec calme aux questions les plus difficiles. « Qu'est-ce qui arrive aux bébés qui meurent – vont-ils au ciel ? » Je n'ai pas la prétention de le savoir, parce que la Bible n'en dit rien, mais parce que je sais que Dieu est bon je suis sûr que tout ce qu'il fait au sujet de ces bébés est tout à fait juste. « Que dire de ceux qui meurent sans avoir entendu parler de Jésus ? » Je ne prétends pas connaître la réponse, mais je sais que tout ce que Dieu fera d'eux sera tout à fait juste.

Dieu est absolument pur. Il ne lui vient aucune pensée ou intention impures, et il ne commet aucune mauvaise action.

Il est absolument fidèle. Les hommes ne tiennent parfois pas promesse. Même après avoir prononcé des vœux les plus solennels, comme lorsqu'à l'église un homme et une femme se promettent mutuellement de s'aimer et de se chérir jusqu'à la mort, nous rompons nos promesses et revenons sur la parole donnée. Mais quand Dieu dit : « Je veux », c'est comme si c'était fait. Il ne peut pas se renier lui-même. Donc, il tient ses promesses.

Ainsi, Dieu est parfait – vérité qui est souvent quelque peu galvaudée par nous par l'avilissement du mot « bon » en français moderne. « Dieu est bon » : c'est la déclaration la plus connue dans la Bible sur la perfection de Dieu, mais nous n'utilisons pas ce mot « bon » dans ce sens absolu.

Quand un jeune homme riche est venu à Jésus, il demanda : « Bon maître, que dois-je faire pour avoir la vie éternelle ? »

La réponse de Jésus est très révélatrice. « Pourquoi m'appelles-tu 'bon' ? » A-t-il demandé au jeune homme. « Une seule personne est 'bonne', et c'est Dieu ». Peut-être espérait-il que le jeune pousse la logique jusqu'au bout en faisant valoir que, comme Jésus était indéniablement bon, il devait être Dieu lui-même. Mais il ne l'a pas fait.

Toutefois, dans sa réponse, Jésus a posé un principe. Dieu seul est bon, dans ce sens absolu. Bien sûr, la Bible qualifie d'autres personnes de « bonnes », au sens relatif, le nôtre, mais seul Dieu est bon, absolument et totalement. Seul Dieu est parfait.

La Bible utilise aussi le mot « juste » pour décrire l'attitude morale de Dieu. Cela signifie non seulement agir avec justice, mais être juste – agir avec une justice qui découle de sa nature de « juste ».

De même, Dieu est appelé « saint ». C'est un mot aux consonances quelque peu surannées mais de plus en plus de compositeurs emploient dans leurs chants de louange, conférant à Dieu ce titre de perfection, « saint, saint, Dieu est saint ».

Parfois, la Bible associe Dieu à la « lumière ». Il ne s'agit pas tellement de la lumière étudiée par la physique mais plutôt au sens moral, l'idée étant qu'il n'y a rien à cacher dans la nature et le caractère de Dieu, on n'y trouve aucune part d'ombre. Lui seul est pur, lumière flamboyante.

Toutefois, c'est encore le mot « parfait » qui exprime le plus clairement pour nous la pureté morale de Dieu. Peu importe la profondeur de notre connaissance de Dieu, jamais il ne sera pris en défaut, on ne constatera aucune faille dans son caractère. Dieu est parfait.

Cette déclaration implique un certain nombre de conséquences importantes à son sujet. Tout d'abord, puisqu'il est moralement parfait, Dieu est en droit de définir ce qui est mal, parce que lui seul a un jugement impartial.

Le jugement d'êtres imparfaits, comme moi, n'est jamais impartial. En raison de mes propres fautes, je tombe presque inévitablement, devant la faillite morale d'autrui, dans l'une ou l'autre de ces deux réactions extrêmes : je vais soit l'excuser, soit la tolérer ou, à l'extrême opposé, condamner plus sévèrement autrui pour les fautes auxquelles je me sais le plus enclin. De toute façon, mon jugement est faussé par mes propres péchés.

Or Dieu, qui est sans péché, a le droit de déterminer ce qui est bien et mal, bon ou mauvais. C'est naturel de juger l'autre par rapport à moi-même. Mais quand je le fais, il en résulte une distorsion des normes, parce que je ne suis pas à la hauteur moi-même. Mais quand Dieu juge relativement à lui-même, le résultat est une justice parfaite. C'est ce facteur-là qui rend vrai le jugement de Dieu, alors que le mien est faux.

Voici la deuxième conséquence de la perfection de Dieu : non seulement il a le droit de décider ce qui est mal, mais aussi le droit de punir le fautif.

Revenons à *Mesure pour Mesure* ; le thème central de cette pièce c'est l'impossibilité d'obtenir une justice parfaite de gens imparfaits. Personne, suggère Shakespeare, n'a le droit de punir ses semblables pour des fautes qu'il commet lui-même. Or, dans la pratique, cela conduirait à l'anarchie, parce que personne ne se sentirait en droit d'administrer les peines. Mais la vérité de l'argument est irréfutable. C'est à un homme parfait que revient d'administrer une justice parfaite.

Et c'est pourquoi la Bible révèle que Dieu, et Dieu seul, est le juge ultime de tout le monde. Il a le droit, par nature, de définir ce qui est bien et mal, et de punir ceux qui font le mal.

Ce qui conduit inévitablement à une autre question. Si Dieu a le droit de punir le mal, va-t-il s'en servir ?

Ce qui à son tour pose une autre question encore. Comment interagir avec une personne *parfaite* ? L'expérience humaine ordinaire ne permet pas de rencontrer une personne moralement parfaite, mais on a l'occasion de rencontrer des gens qui, dans d'autres domaines, ont atteint une sorte de perfection.

Je sais jouer de la guitare. Si je rencontre un guitariste accompli – quelqu'un dont le jeu est « parfait » par rapport au mien – ma réaction à son égard dépendra de son attitude envers les joueurs de guitare imparfaits. S'il est tolérant devant ma maladresse, nous pourrons toujours bien nous entendre. Mais s'il est arrogant, supérieur et qu'il me juge, j'en serai atterré. Nous sommes des êtres humains : nous plaçons la « tolérance » au pinacle de toutes les vertus, et admirons qui est capable d'abaisser suffisamment bas ses propres normes pour nous comprendre.

Et c'est précisément ce que la race humaine attend de Dieu. Bien que nous nous rendions compte qu'il est parfait, nous espérons qu'il abaissera ses normes afin de nous accepter comme nous sommes. Nous savons qu'il est contre le péché, mais espérons qu'il sera tolérant des nôtres.

Or, ce Dieu-là n'existe pas. Nous aimerions bien imaginer Dieu sous les traits d'un bon vieillard qui nous pince la joue en disant : « Ne t'en fais pas, ce n'est pas grave, nous allons pardonner, n'en parlons plus ! ». Mais ce n'est pas le Dieu de la Bible.

Ce Dieu super-tolérant, n'est que le fruit d'une imagination fertile ; c'est prendre ses rêves pour des réalités. La raison pour laquelle le Dieu de la Bible est si impopulaire, c'est précisément ceci : jamais il ne fermera les yeux sur les péchés du coupable. Son pardon, quand il l'accorde, a été payé au prix fort, au prix d'un sacrifice, il n'est donc pas question de fermer les yeux sur nos fautes.

Car Dieu n'est pas seulement parfait : c'est un perfectionniste. C'est-à-dire qu'il ne se contente pas d'être parfait lui-même. Il exige aussi, de tous, la perfection.

Vivre aux côtés d'un perfectionniste n'est pas une sinécure : il nous rappelle sans cesse nos imperfections. Henry Royce, co-fondateur de Rolls-Royce, était un perfectionniste, ce qui explique pourquoi ses voitures sont devenues synonymes de précision technique. On dit qu'un jour il se promenait dans l'usine et qu'il vit un homme tourner une pièce sur son tour. Après quelques minutes, il mit la pièce dans le bac des produits finis, en murmurant : « Ça ira bien comme ça. » Henry Royce l'entendit et le licencia sur le champ. Pour lui, il en allait de la réputation de la marque Rolls-Royce.

Pour Dieu, c'est le nom de Dieu qui est aussi en jeu. Il ne peut rien accepter qui ne soit parfait – et tant qu'on ne s'est pas fait à cette idée on ne peut vraiment apprécier la « bonne nouvelle » dont nous allons bientôt parler. Le second choix n'existe pas avec Dieu.

Pour un perfectionniste, tout doit être parfait. Quand Dieu a créé les cieux et la terre, il a arpenté ce qu'il avait façonné à partir du chaos et observé que cela était « très bon ». Il voulait tout simplement dire : « comme prévu ». Vous avez peut-être eu la chance de regarder un artiste ou un sculpteur au travail et le voir tout à coup prendre l'objet et le détruire : froisser le papier ou écraser l'argile. À vos yeux d'observateur, ces objets étaient pourtant des merveilles. Pour le créateur, qui savait ce qui était prévu, ils n'étaient pas comme il s'y attendait, donc juste bons pour partir au rebut.

Josiah Wedgwood est un grand nom de la poterie anglaise. La porcelaine Wedgwood a atteint sa remarquable réputation de bien étrange manière. Josiah passait le plus clair de son temps à déambuler dans sa poterie un marteau à la main, et il détruisait toute pièce qui n'était pas à la hauteur de ses normes sévères.

Dieu n'est certainement pas moins perfectionniste que Josiah Wedgwood, et il s'est lui-même engagé à détruire tout ce qui dans sa création n'est pas à la hauteur de ce qu'il avait prévu. C'est pourquoi peu importe que vous ayez un casier judiciaire très chargé ou commettiez seulement à l'occasion quelque péché « véniel ». Le verdict de Dieu exprimé dans la Bible – le jugement du Créateur – c'est que « tous ont péché et sont privés de la gloire de Dieu ». Et, comme l'artiste scrupuleux, Dieu ne peut que détruire ce qui est imparfait. Tout dans notre monde porte la marque du tampon de Dieu : « Au rebut ».

À qui objectera qu'un Dieu d'amour n'oserait pas détruire les gens, simplement parce qu'ils sont imparfaits, on ne peut répondre qu'avec l'exemple de Sodome et Gomorrhe, Babylone et Ninive et de l'état de la société à l'époque de Noé : il le fera bel et bien. Il n'y a rien de fortuit ou arbitraire à ce sujet. Dieu a établi ses normes, et désormais il fait ce qu'il faut pour qu'elles soient respectées.

« Qui pourra monter à la montagne de l'Éternel ? Qui s'élèvera jusqu'à son lieu saint ? – « Celui qui a les mains *presqu'*innocentes et le cœur *quasiment* pur » (Ps 24 :3-4) ? ; voilà une norme qui ferait notre affaire. Mais ce n'est pas assez bon pour Dieu. Sa norme est sans équivoque : « Celui qui a les mains innocentes et un cœur pur ».

On objectera que Jésus s'est montré moins exigeant. En effet, certaines personnes essaient de l'opposer avec le Dieu de l'Ancien Testament. Mais je crois que le Dieu qui existe est le Dieu de

Jésus, et que Jésus lui-même est Dieu. Il ne peut y avoir aucune contradiction et il n'y en a pas.

Dans le Sermon sur la Montagne, par exemple, Jésus exige la perfection, non seulement du comportement, mais même de l'état d'esprit, des intentions et du désir. Il a dit qu'il est préférable d'aller au ciel après s'être arraché un œil ou un pied que d'aller en enfer avec tous ses membres. Plus on étudie l'enseignement de Jésus, plus on trouve « perfectionniste » ses enseignements. En effet, il termine la section d'ouverture du Sermon sur la Montagne en disant, « Soyez donc parfaits, comme mon Père céleste est parfait ». Qu'est-ce que cela, sinon du « perfectionnisme » ?

Je crois que Jésus se fait ici l'écho de l'exigence exprimée par Dieu dans l'Ancien Testament, de la bouche de Moïse, « Soyez saints, car je suis saint ». C'est bien le « perfectionnisme » de Dieu ; repris par Jésus, qui non seulement l'exigeait par ses paroles mais en a montré le « parfait » exemple dans sa vie.

Même ses ennemis lui ont concédé qu'il était parfait. En lui, les vertus étaient parfaitement équilibrées et il n'avait aucun défaut : Jésus pouvait mettre ses ennemis au défi de lui trouver des torts, et ils n'y sont jamais parvenus.

Cela nous laisse dans une situation plutôt sombre, d'un point de vue humain. Nous sommes imparfaits, dans un monde imparfait, face à un Dieu parfait et un Fils de Dieu qui exige de nous la perfection. Cela ne nous laisse-t-il donc aucune chance ?

Compte tenu de cela, nombreux sont ceux qui ont tenté d'ignorer ou de minimiser la perfection de Dieu. Ils évitent les termes clairs de la Bible et veulent présenter un Dieu qui accepte le compromis, le mal, le péché – et serait même moralement imparfait lui-même. Désolé, impossible de rabaisser Dieu à notre niveau, pour les raisons déjà énoncées.

Donc, que faire ? Si Dieu ne peut pas être réduit à notre niveau moral, existe-t-il un moyen d'être élevé au sien ? Nous avons déjà discuté de la toute-puissance de Dieu, sa capacité à faire tout ce qu'il veut, tant que c'est compatible avec sa nature. De toute évidence, il peut donc nous rendre parfaits, et le fait est que la Bible ne cesse de répéter que Dieu ne se contente pas d'exiger de nous la perfection, mais qu'il peut nous la donner en partage !

Dieu peut me rendre parfait. Il peut prendre un pécheur et en faire un saint. Il peut prendre une personne pleine de vices et de défauts, le pire des hommes, et commencer le processus de sa transformation.

Or, il faut bien l'admettre, il y a un problème. La Bible appelle « saints » les chrétiens. Pour des incroyants, c'est absurde.

Visiblement, les traducteurs de la Version Autorisée de la Bible, étaient du même avis, car ils n'ont pu se résoudre à traduire littéralement cette expression si fréquente chez Paul, et au lieu de traduire que nous sommes saints, ils ont écrit « appelés à être saints ». Et on comprend pourquoi.

Après tout, même les meilleurs chrétiens sont imparfaits. En effet, plus ils grandissent en sainteté, plus ils prennent conscience de leurs imperfections. Alors, comment peut-on les appeler saints, et comment imaginer que Dieu puisse rendre un pécheur « parfait » ? Cela va à l'encontre de ce que je sais d'expérience.

Quand mon fils jouait au Meccano, il assemblait bandes métalliques et poulies, à grand renfort de boulons. Si je lui demandais ce qu'il faisait, il me disait, « C'est une grue. Or, la grue était loin d'exister à ce stade – à mes yeux. Franchement, ça ressemblait à un assemblage aléatoire d'écrous, de boulons, et de bandes de métal. Pour lui, en revanche, c'était une grue, dès le début, parce qu'il avait à l'esprit l'image de la grue qu'il fabriquait et il avait l'intention de la terminer.

Il en est de même avec Dieu. Il regarde la vie d'une personne « dans sa main » et déclare : « C'est un saint ». Le cynique dit : « Il n'a pas l'air d'un saint à mes yeux. Il a des défauts. C'est un hypocrite ». Mais Dieu répond avec une totale assurance : « Je vois un saint en cette personne, parce que j'ai commencé à faire quelque chose dans cette vie et je ne m'arrêterai pas tant que ma gloire ne sera pas en elle » : Dieu, en d'autres termes, désire rendre les gens parfaits et il en est capable – et c'est le seul moyen d'aller au ciel, qui que nous soyons. Tout ce qui est imparfait sera détruit, mais ceux qui sont entre les mains de Dieu seront parfaits et vivront dans un univers parfait en sa compagnie, pour toujours. Dieu est un perfectionniste ; il n'aura de cesse de nous rendre justes, et notre monde avec.

Une question demeure. Si tout cela est vrai, pourquoi Dieu ne me rend-il pas saint dès à présent ? Qu'attend-il pour me rendre bon et saint sur le champ ? J'ai posé cette question à plusieurs reprises, souvent avec du ressentiment dans la voix, comme si Dieu allait broyer le pécheur pour en faire un saint, de force.

La bonté forcée n'est pas la bonté, point barre. Vous ne pouvez pas obliger quelqu'un à être saint. C'est pourquoi, avant qu'une vie puisse être rendue parfaite, Dieu doit attendre une chose : notre volonté de parvenir à la perfection.

C'est là le hic. Cette volonté, dans le jargon de la Bible, c'est la repentance, et le repentir ne vient facilement à personne. Mais examinons ce mot plus attentivement. On constate alors qu'on a sous-estimé, ou mal compris sa signification réelle.

« Repentance » signifie bien plus que, « Désolé, je me suis fait prendre », ou « Je suis désolé que ma conduite vous ait causé de la souffrance ». Essentiellement, voici ce que cela signifie : je suis prêt à lâcher mes imperfections, et à vivre sans ces traits négatifs qui gâchent ma personne. C'est plus important qu'il n'y paraît, et se mettre alors à prier pour que cela arrive semble au-delà de ce que la plupart des gens peuvent supporter. Mes imperfections sont devenues partie intégrante de qui je suis. Si je décide de les abandonner, je vais perdre quelque chose de moi-même. On craint aussi qu'une vie parfaite doit être un peu morne, et que, si je ne bénéficie pas d'indulgence quand je me laisse aller à l'occasion à mon vice favori, je vais périr d'ennui.

Quand Dieu me refera à son image, je risque de perdre l'approbation populaire, ou de passer pour un inadapté un peu bizarre. Ça coûte très cher de se débarrasser de ses imperfections.

Or, Dieu nous appelle encore aujourd'hui à ce à quoi il nous a toujours appelés : Suis-moi et je ferai de toi quelqu'un de parfait. Il ne demande qu'à le faire. Mais il le fera seulement lorsque je serai prêt à abandonner mes imperfections. Je ne crois pas que cette décision engendre la morosité ou l'ennui, loin de là. Je crois que c'est le chemin de la vie réelle. Ce sont ceux qui ne vont nulle part qui se retrouveront dans l'impasse.

Dieu dit, « Donnez-moi cette ancienne vie – peu importe qu'elle ait été abjecte ou corrompue. Je vais la rendre parfaite – je vais enlever tout ce qui gâche votre personnalité et vos relations – et vous recevrez la vie éternelle ».

Une telle vie n'est ni facile ni confortable, parce que Dieu continue de fouiller dedans pour découvrir mes diverses imperfections, mettre le doigt dessus et s'en occuper au cours d'un long processus qui mène à la perfection en Christ.

Chapitre Trois

DIEU, QUI EST-IL VRAIMENT ?

La famille britannique déménage en moyenne une fois tous les six ou sept ans, et n'a donc jamais assez de temps pour acquérir de vraies « racines » sociales. La vie s'est tellement accélérée que modes vestimentaires, musique, langue et styles de vie changent si rapidement que deux jeunes avec un écart d'à peine quelques années entre eux trouveront difficile de communiquer, parce qu'ils appartiennent déjà à des générations différentes. Souvent, les gens se disent qu'ils connaissent mieux les stars de la télévision que leur voisins d'à côté.

Si, comme je le crois, la vraie vie ne dépend pas de ce qu'on possède – de ce qu'on a réussi, des expériences qu'on a vécues – mais des relations qu'on entretient, elle est quasiment hors d'atteinte de beaucoup de citoyens du monde occidental moderne. Cette agitation, ces changements, poussent cette génération à rêver de châteaux en Espagne, habituée qu'elle est à ces changements rapides dans de nombreux domaines, et elle estime qu'il est de plus en plus difficile de construire des relations profondes et durables. Il en résulte un sentiment de frustration qui découle d'une absence de communication ou de relations authentiques.

Beaucoup d'entre nous ont perdu le contact ; solitaires, sans relations avec leur entourage, ils ne crèvent pas moins d'un manque d'amour, qui se manifeste de bien des façons. « L'amour » est un mot galvaudé, mais c'est ce que tout le monde désire, exige, alors que bien peu savent avec certitude ce que cela recouvre.

Pour notre génération, par conséquent, l'expression la plus frappante dans le Nouveau Testament – « Dieu est amour » – devrait suggérer des perspectives passionnantes. Malheureusement, cependant, cette déclaration étonnante suscite peu d'excitation, même chez les chrétiens, car ils ont été familiarisés avec ces mots dès l'enfance, mais sont devenus comme vaccinés contre ces notions.

C'est une déclaration révolutionnaire. Qu'il n'y ait aucun doute à ce sujet. On n'est pas en train de dire, contrairement à ce qu'on pourrait croire, que « Dieu nous a aimés » ou que « Dieu nous aime », mais que Dieu *est* amour. Pour autant que je sache, aucune autre religion au monde ne fait une telle déclaration. Aucun autre dieu, aucun chef religieux n'a jamais été réputé être l'amour. On peut dire qu'une personne aime, ou qu'elle est affectueuse, mais affirmer qu'elle *est* l'amour même est le privilège exclusif de Dieu et Père de notre Seigneur Jésus-Christ.

Peut-être la déclaration de la Bible pourrait-elle avoir un impact plus important chez un lecteur moderne si l'on paraphrase dans un langage contemporain. « Dieu est l'unité de plusieurs » pourrait lui provoquer un choc encore plus intense, car il comprend que Dieu est nécessairement plus d'une personne. Vous ne pouvez pas être ensemble tout seul !

Or, nous savons que Dieu est Un, et pourtant il doit être plus d'une personne, s'il est et a toujours été amour. Le caractère de Dieu, comme sa nature, est éternel, il s'ensuit logiquement qu'avant qu'il y ait un univers, avant qu'il existe des êtres humains à aimer, Dieu était amour, unité, harmonie et paix.

Mais avec qui exprimait-il ces caractéristiques « sociales » ? La réponse, bien sûr, comme nous l'avons déjà découvert, c'est que Dieu n'est pas seulement une personne solitaire.

Une illustration peut venir à point ici, à condition de ne pas la pousser à l'absurde – puisque je m'aide de l'imagerie humaine pour exprimer un concept qui n'a aucun équivalent humain. Imaginons Dieu comme une famille : on comprend comment peut s'y exprimer l'amour, l'harmonie et la paix entre ses membres. Soit dit en passant, la Bible dit que chaque famille sur terre est

« nommée d'après » Dieu ; mais ceux de la « famille » divine sont en relation plus intime que tout que nous pouvons imaginer : chacun d'eux partage la nature même de chacun des deux autres.

C'est maintenant que se révèle le cœur de l'amour : le Père a toujours aimé le Fils, le Fils a toujours aimé le Père, et le Père et le Fils ont toujours aimé l'Esprit. On a ici une relation « triangulaire » d'amour parfait, sans aucune préférence ni envie.

Parfois, on peut douter qu'un amour authentique, désintéressé puisse exister. On a peut-être vécu de mauvaises expériences, dans l'enfance ou plus tard, et développé un certain cynisme quant à cette éventualité même. Mais la vérité c'est que, au cœur de l'univers, au sein de son Créateur, existe un amour vrai, authentique et désintéressé, qui a toujours existé, et qui existera éternellement.

Allons un peu plus loin. Par exemple, ai-je la moindre chance de m'introduire dans ce triangle d'amour ? Puis-je prendre les mains du Père et du Fils et dire : « Laissez-moi entrer dans cette relation » ?

La vérité est encore plus merveilleuse que cela : le Père et le Fils ont déjà étendu leurs mains et dit : Nous voulons vous faire partager cet amour. Dès les premiers chapitres de la Bible, cet enseignement est sans ambiguïté – Dieu est « vivre ensemble ». En effet, on peut ainsi traduire littéralement les cinq premiers mots de la Bible : « Au commencement, Dieux (au pluriel) a créé (verbe au singulier)... » Plus tard se produit la même chose, « Dieu dit : Fais<u>ons</u> l'homme à <u>notre</u> image. » C'est comme si Dieu disait que l'amour et l'unité éprouvés de toute éternité par les trois personnes de la Divinité étaient désormais disponibles au plus grand nombre. Je suppose que Dieu a créé l'humanité parce qu'il voulait intégrer plus de personnes dans le cercle de son amour.

Et quelle est la marque de l'amour ? Le véritable amour n'est jamais égoïste, exclusif ou étroit. Il veut toujours tendre la main et embrasser les autres. Quelqu'un a dit : l'amour véritable n'est pas rester assis à se regarder dans les yeux tout le temps, mais regarder ensemble dans la même direction.

Il est donc tout à fait cohérent que Dieu veuille élargir sa famille, et avoir beaucoup de fils pour suivre celui qu'il avait déjà. En effet, le Christ devait être le premier-né de beaucoup de fils, qu'il amènerait à la gloire et dans la famille.

Donc, dans le Dieu unique, il y a trois personnalités dont l'esprit pense comme un seul, dont la volonté d'agir est une et qui vivent une relation de parfaite harmonie les unes avec les autres. Cette relation est si étroite que, lorsqu'on prie l'une d'elles, on sent qu'on parle aussi aux deux autres.

Parfois, les gens demandent : « Devrais-je prier le Père, ou Jésus, le Fils ? » La réponse est nécessairement que le chrétien peut prier qui il choisit, celui qu'il lui semble naturel de prier à ce moment-là, et leur l'unité est telle que chaque personne de la Trinité est immédiatement impliquée. Personnellement, j'éprouve la même réaction, le même sentiment, quand je prie – quel que soit le « membre » de la Divinité auquel je m'adresse.

L'expérience humaine qui peut se rapprocher le plus de cette unité est le « parfait » mariage, où (selon les mots de la Bible) deux personnes n'en font plus qu'une seule, de sorte qu'elles ne sont plus mentionnées séparément, mais qu'on en parle en disant « les Dupond » ou « les Durant ». C'est une unité double ; mais Dieu, bien sûr, est une unité triple, une tri-unité : la « trinité », comme on dit. Personne ne peut comprendre pleinement la Trinité, mais comment des créatures pourraient-elles prétendre comprendre leur Créateur. On en arrive à un point où il faut bien admettre que Dieu est si différent de tout ce qu'on peut comprendre qu'on ne peut que s'incliner dans « l'émerveillement, l'amour et la louange ».

Nous pouvons maintenant passer à une deuxième affirmation. Dieu est amour, et Dieu *nous aime*. La seconde ne serait rien sans la première, mais prises ensemble, elles révèlent que Dieu, après nous avoir créés, veut nous attirer dans le cercle de son amour.

Mais cela est en soi une assertion presque incroyable – le Dieu qui a façonné l'univers et placé les étoiles dans l'espace m'aimerait-il comme si j'étais la seule personne au monde ? Si l'on a du mal à accepter cette idée, c'est du fait de malentendus et même des délires quant à la nature de l'amour de Dieu. Fondamentalement, on peut classer en deux catégories les questions les plus fréquentes : pourquoi Dieu nous aime-t-il ? Et comment nous aime-t-il ?

Prenons la première. Beaucoup de gens demandent, « Pourquoi Dieu m'aimerait-il, moi ? » Un malentendu très courant se cache derrière cette question, car elle implique que Dieu aurait besoin de me trouver attrayant ou aimable avant de pouvoir dire m'aimer. Curieusement, ce qui se cache derrière cette notion apparemment empreinte d'une grande modestie (qu'ai-je en moi que Dieu aime ?) relève tout bonnement de l'orgueil humain. Nous présumons que l'amour de Dieu est semblable au nôtre : qu'il est attiré par quelqu'un parce qu'il le trouve intéressant, louable ou sympathique. Rien n'est plus loin de la vérité. Lorsque Dieu regarde dans mon cœur, il ne voit pas quelqu'un de séduisant, mais un laideron ; quelqu'un qui n'est pas saint, comme lui, et même très loin de la sainteté. Si nous pouvions nous voir comme avec les yeux de Dieu, l'idée erronée que nous puissions gagner, mériter ou attirer l'amour de Dieu ne nous aurait même pas effleurée. En d'autres termes, il ne nous aime pas parce que nous sommes aimables, loin de là.

On trouvera peut-être un indice sur la globalité de la question en prenant un exemple plus précis. Au lieu de demander « Pourquoi Dieu m'aime-t-il ? » demandons-nous : « Pourquoi Dieu a-t-il choisi les Juifs ? » De tout le reste du monde, il a choisi cette nation particulière pour révéler à la terre entière son salut à travers son Fils... mais, pourquoi les Juifs ? Pourquoi pas les Assyriens, les Grecs, les Ethiopiens ou les Chinois ? Les Juifs sont-ils plus attrayants, fiables, religieux ? Ont-ils des qualités ethniques uniques dont toutes les autres nations seraient privées ?

Je ne pense pas.

Au chapitre sept du Deutéronome, Dieu explique la raison de son choix des Juifs. « Pense-tu que Je t'aime parce que tu es une nation plus noble que toutes les autres ? Non, Je t'aime *parce que Je t'aime* ». Voilà la réponse. Et l'on ne doit pas en chercher la raison en eux, mais en Dieu.

Dieu m'aime. Non parce que je suis aimable, mais parce que, lui, est amour. Et son amour, comme nous l'avons vu, n'est pas comme le nôtre. En fait, les Grecs sont les seuls à avoir un mot pour cela ! Dans le grec du Nouveau Testament, on trouve plusieurs mots pour l'amour ; l'amour sexuel, l'affection, l'amitié et ainsi de suite. Mais un seul, le mot agapè, décrit l'amour qu'on peut éprouver pour une personne qui n'a rien qui suscite l'amour. Il va sans dire que ce mot était peu usité !

Mais les auteurs du Nouveau Testament l'ont sauvé de l'oubli. C'est exactement le mot qui exprime le plus justement l'amour de Dieu ; un amour qui prend racine dans l'être aimant, qui va créer dans l'être aimé toutes les qualités qui n'étaient pas là au départ pour le rendre aimable et séduisant. Il est, bien sûr, très humiliant de s'entendre dire qu'on n'a rien d'aimable en soi tel qu'on est, mais en l'occurrence, c'est la vérité. Nous ne sommes pas seulement la « brebis perdue » que Dieu va patiemment chercher, mais des rebelles qui, les armes à la main, défient leur Créateur. Et pourtant, il nous aime.

Jésus décrit l'amour humain comme « aimer ceux qui vous aiment », et sa plus belle expression se trouve en l'homme qui « donne sa vie pour son ami ». Or, comme Paul le dit (Ro 5:8), « mais dieu prouve son amour envers nous, en ce que, lorsque *nous étions encore des pécheurs*, Christ est mort pour nous... » C'est le contraste le plus frappant entre l'amour de Dieu et l'amour humain, même le plus noble.

Ce qui nous amène à la deuxième question : comment Dieu nous aime-il ? Là encore, nous devons déblayer les scories d'incompréhensions qui recouvrent la vérité. On pense le plus souvent que Dieu nous aime d'une sorte de compassion sentimentale à l'égard de nos malheurs, d'un amour qui ferme les yeux sur nos faiblesses et veut tout simplement notre bonheur.

J'ai connu une famille où les enfants n'étaient jamais punis. Ils pouvaient briser des vitres, plonger le chat dans un pot de peinture verte, peu importe, on attribuait tout ça à l'exubérance enfantine, qui avait droit à sa légitime expression. Je dois admettre que parfois je les enviais. Cependant, tout ce que ces parents offraient à leurs enfants n'était pas de l'amour mais une indulgence sentimentale. Pourtant, beaucoup de gens pensent que c'est cela que Dieu nous offre !

S'il était vrai que l'amour de Dieu n'était que douceur et sentimentalisme, alors tout ce que nous avons déjà fait valoir quant à sa perfection et sainteté serait totalement compromis. Ce genre d'« amour » serait tout à fait incompatible avec la détermination de Dieu à éliminer de son univers tout ce qui le corrompt et souille.

Des gens bien intentionnés soutiendront qu'un Dieu d'amour ne pourrait jamais exclure quiconque du ciel. Comment, disent-ils, pourriez-vous en même temps croire en l'amour de Dieu et à l'enfer ou au jugement

Or, ce n'est pas l'« amour de Dieu » tel que le décrit la Bible. Si Dieu fermait les yeux sur mon péché, il ne ferait pas preuve d'amour véritable, mais de négligence. Parce qu'il m'aime, et parce que son amour est pur et saint, il a fait quelque chose de beaucoup plus coûteux qu'ignorer simplement mon péché. Il a donné son Fils pour mourir à cause de mon péché. Il a payé le prix, ce qui fait du péché la marchandise la plus chère du monde. Coûteuse pour le pécheur : cela lui a valu d'en perdre la vie éternelle. Coûteuse pour Dieu : Il y a laissé son Fils Jésus mort sur la croix.

Le péché ne peut rester impuni, parce que Dieu règne sur un univers moral – et il est parfait, juste et vrai. Si le péché n'avait pas d'importance, alors l'anarchie siègerait au trône de l'univers.

C'est aussi clair et net que cela.

Billy Graham s'exprime ainsi. « Ne faites pas l'erreur de penser, parce que Dieu est amour, que la vie sera un lit de roses, belle et heureuse, et que personne ne paiera jamais pour ses péchés. La sainteté de Dieu exige que tout péché soit puni ; mais, par amour, Dieu a fourni la croix de Jésus par laquelle l'homme peut obtenir pardon et purification.

C'est là le dilemme divin. Dieu déteste le péché, mais aime les pécheurs. Dieu a voulu détruire le péché, mais sauver le pécheur qui l'a commis. Comment séparer les deux ? Même avant que le premier homme commette le premier péché, Dieu connaissait la solution, et il savait aussi ce qu'il lui en coûterait : le sacrifice de son Fils.

Il ne peut y avoir de christianisme sans la croix, et aucune relation vraie avec Dieu qui ne commence sous son ombre. C'est le coût de notre pardon.

Un coût entièrement pris en charge par Dieu. On peut concevoir la souffrance de Jésus – l'agonie de la crucifixion physique sous un soleil brûlant ; la souffrance mentale d'être exécuté pour des crimes qu'il n'avait pas commis ; l'angoisse spirituelle d'être coupé de son propre Père et de passer par l'enfer lui-même. Mais pouvons-nous apprécier également la souffrance du Père ? Il n'était pas un spectateur indifférent aux souffrances de son fils pour l'humanité. Loin de là. L'agonie du Christ était endurée par la Divinité.

Il y a quelque temps, j'ai lu un roman intitulé *Le Taon*, écrite en 1897 par E. L. Voynitch. C'est un livre extraordinaire, dont le point culminant est à couper le souffle. Un prêtre catholique romain, Montinelli, est le père d'un garçon illégitime, qui devient un rebelle en apprenant cette relation. Montinelli progresse dans la hiérarchie de l'Église jusqu'au rang de cardinal d'une ville italienne. Son fils s'engage dans l'agitation politique et devient finalement le chef d'un groupe de terroristes qui tentent de renverser l'État. Arrêté par la police dans la ville de son père, il est condamné à mort et le cardinal – qui ne connaît pas son identité – obtient la possibilité d'exercer sa clémence. Il rend visite au garçon dans sa cellule et découvre alors qu'il est son propre fils. Mais pour le bien du peuple, il décide qu'il ne peut pas empêcher l'exécution.

Le dimanche, après que son fils est tombé sous les balles du peloton d'exécution, le cardinal prend la parole pendant la messe à la cathédrale, juste après la communion. « Il est écrit dans l'Évangile de Jean, dit-il, que 'Dieu a tant aimé le monde qu'il a donné son fils unique pour que le monde à travers lui soit sauvé'. Nous célébrons en ce moment le corps et le sang de la victime, tuée pour notre salut, l'Agneau de Dieu 'qui ôte le péché du monde', le Fils de Dieu qui est mort pour vos péchés. Et nous voici réunis ici pour participer à cette fête solennelle, à manger le sacrifice donné pour nous et rendre grâce d'une si grande miséricorde. Et je sais que ce matin, quand vous êtes venus partager le banquet – manger le corps de la victime – vos cœurs étaient remplis de joie en vous rappelant la passion de Dieu le Fils, mort pour que nous soyons sauvés ».

Qu'éprouva Dieu le Père quand il se pencha de son trône des cieux et baissa les yeux sur le Calvaire ? Je vous ai observés aujourd'hui, mon peuple, quand vous marchiez solennellement en procession deux par peux ; j'ai vu vos cœurs pleins de la joie de la rémission des péchés et du bonheur de votre salut. Pourtant, je vous en prie, à quel prix ce salut a-t-il été acheté, en êtes-vous conscients ? Assurément, il est très précieux, d'un prix supérieur aux rubis. C'est le prix du sang ».

L'histoire continue : le cardinal en devient fou. Il ne peut tout simplement pas supporter la douleur d'un tel choix pour un père : décider de tuer son propre fils pour sauver son peuple. Il meurt à peine quelques jours plus tard. Un choix aussi douloureux est insupportable pour un cœur humain.

Dieu a enduré lui aussi l'agonie du Calvaire. Le Père a mis vos péchés et les miens sur son propre Fils pour sauver son peuple.

Voici quelle est la mesure de son amour.

On ne mesure pas tant l'amour à l'aune de ce qu'on ressent qu'à celle de ses actes : la souffrance qu'il est prêt à endurer, la douleur qu'il accepte de supporter. Cette souffrance, cette douleur, donnent la mesure de l'amour de Dieu.

En effet, il ne s'arrête pas à la croix. Certes, la culpabilité du péché a été réglée, mais Dieu continue de déverser son amour dans nos vies pour nous soutenir dans notre vie de pardonnés. Non seulement Jésus est-il mort à ma place : il prend ma place aussi dans la vie. Ainsi, Jésus est mort à ma place et il vit à ma place, et l'amour de Dieu ne cesse de me remodeler jusqu'à ce que je devienne parfait, digne de la gloire.

Dieu nous aime dans notre péché, non pas en fermant les yeux, mais en fournissant son Fils pour mourir pour nous. C'est un geste d'amour total, pour lequel le Nouveau Testament a inventé un mot spécial, la « grâce ». C'est-à-dire un amour qu'on ne peut mériter et qui ne peut être gagné, un amour qui se donne tout simplement au détriment de celui qui le donne. Quelqu'un l'a défini comme une *G*rande *R*ichesse *A C*ause d'*E*mmanuel. Il n'y a tout simplement rien à payer. Dieu a tout fait. Pas étonnant qu'on chante 'Amazing Grace', la Grâce merveilleuse, car c'est la meilleure de toutes les nouvelles au sujet de Dieu. Il est grand. Il est bon. Mais, et c'est le plus beau, il est miséricordieux.

Chapitre Quatre

NE SOMMES-NOUS QUE DES SINGES NUS ?

Quelqu'un m'a téléphoné à l'heure des petits matins blêmes pour me poser une question brûlante, « Qui suis-je ? ». L'appelant connaissait ses propres nom et adresse, bien sûr. Il ne souffrait pas d'amnésie. Pourtant, il n'était pas sûr de son identité. Et en ce sens, il est un symptôme vivant de l'époque dans laquelle on vit.

Qui suis-je ? Que sommes-nous ? Qu'est-ce que l'homme ? Il y a des milliers de jeunes à la dérive dans le monde d'aujourd'hui, qui partent en auto-stop faire tous les continents, en planant dans une autre sorte de voyages, carburant à la drogue, tous à la recherche des réponses à toutes ces questions. On leur offre, et à nous aussi, tout un tas de réponses – dont la plupart se répartissent en deux groupes extrêmes et diamétralement opposés.

D'une part, il y a ceux qui disent que l'homme est un animal, ni plus ni moins. Cette idée se propage grâce à des livres comme *Le Singe Nu* de Desmond Morris, qui font remonter notre comportement social aux temps où nous vivions dans la jungle. Depuis, Charles Darwin a popularisé la théorie de l'évolution – théorie qui existe en réalité, sous une forme ou une autre, depuis au moins l'époque d'Aristote – et depuis nous sommes soumis à l'obsession que notre société est une jungle dans laquelle les plus forts survivent en sortant vainqueurs de la lutte pour la vie. Mais si les hommes ne sont que des animaux très développés, comment leur reprocher d'agir comme s'ils vivaient dans une jungle. Les gens ont été endoctrinés avec l'idée qu'ils ne sont pas plus que des animaux intelligents, et l'on peut dire que la bestialité du XXe siècle découle directement de cela. Mais le chrétien ne peut pas croire que l'homme soit un animal. Ce serait insulter Dieu, à l'image duquel l'homme a été créé.

À l'autre extrême, on nous oppose l'idée que l'homme est désormais son propre dieu. Voici en gros le raisonnement : l'homme est maintenant adulte ; il peut maintenant faire lui-même ce pour quoi les anciens priaient ; il a découvert par lui-même ce qu'il ne pouvait jadis qu'accepter par la foi. Il peut maintenant se débrouiller sans l'aide de personne d'autre.

Au fur et à mesure que s'étendent les connaissances – et 80% de tous les scientifiques de l'histoire sont encore en vie de nos jours, de sorte que cette augmentation est vraiment très rapide en effet – le jour est proche où l'humanité en viendra à se convaincre de son omniscience et finira par rejeter la notion de l'omniscience divine.

L'homme est aussi de plus en plus convaincu de sa propre toute-puissance. Mon grand-père se serait esclaffé d'incrédulité si on lui avait dit qu'il pourrait un jour regarder les événements au Japon en temps réel sans quitter le confort de son salon. Mais cela lui aurait paru bien fade au regard des transplantations d'organes. C'est ce genre de choses qui donne à l'homme moderne l'idée que rien ne peut plus s'opposer à sa toute-puissance.

En un sens restreint, il a même atteint l'omniprésence. Dieu est partout à la fois. L'homme ne peut pas tout à fait l'égaler, mais il peut tout de même aller partout très rapidement. Il y a cent ans, nous étions semblables à des fourmis rampant à la surface de la planète. Maintenant, même la planète ne peut nous enfermer. Nous sommes allé sur la lune, et on pourrait bien un jour aller sur Mars, ou au-delà. Omniprésent, omnipotent, omniscient : on comprend facilement comment l'homme a fini par se prendre pour Dieu.

Cependant, il est un attribut de Dieu que l'homme n'a pas encore égalé, et pourtant il n'est rien qu'il désire plus ardemment : l'éternité. Nous avons réussi à allonger de quelques années l'espérance de vie moyenne, mais nous sommes très loin d'atteindre l'immortalité sur terre. Les scientifiques cherchent le secret de la vie et essaient d'éliminer un par un les facteurs qui engendrent la mort, mais la mort est toujours invaincue, en dépit de l'ingéniosité de l'homme et de ses immenses compétences médicales.

Néanmoins, beaucoup de nos contemporains présument que ce problème, comme tous les autres, sera résolu en son temps, et alors l'étrange contradiction entre l'homme animal et l'homme dieu sera à son comble. Entre ces deux positions la plupart des gens hésitent, en mettant parfois l'accent sur les attributs animaux de l'homme, et parfois sur ses qualités divines. Le chrétien se pose la question : l'homme est-il un animal, ou est-il dieu ? Sa réponse est : ni l'un ni l'autre. Il a des affinités avec les deux, mais on ne doit l'assimiler à aucun.

Nous sommes des créatures uniques sur cette planète qui appartient à Dieu, et nous partageons le même environnement avec les animaux. Notre corps et nos systèmes physiologiques sont comme les leurs, et comme eux nous finirons par retourner à la poussière. Nous sommes aussi des créatures uniques de Dieu et avons donc aussi des affinités avec lui : nous sommes « faits à son image ». Mais dans les deux cas, il existe d'énormes différences, impossibles à faire disparaître. Nous ne sommes ni des animaux ni des dieux.

La dignité de l'homme
La dignité de l'homme, à lui donné par Dieu, contribue à le distinguer des animaux, et lui donne sa place unique dans la hiérarchie de la création : ni en bas, parmi les animaux, ni au sommet, où Dieu règne, mais, en fait, il n'arrive qu'en troisième place au hit-parade, « un peu inférieur aux anges ».

Il est au-dessus des animaux, même s'il a beaucoup en commun avec eux. Lorsque nous avons emmené les enfants au zoo, ce qu'ils ont le plus apprécié c'est regarder les chimpanzés et les orangs-outans, principalement parce que leur comportement était si « humain ». En fait, en les regardant, on se pose tout naturellement la question : quelle est exactement la différence entre ces mammifères manifestement « intelligents », et les primitifs ou les êtres humains actuels qui n'ont pas notre civilisation ? On a pensé à un moment donné que la différence décisive c'était que l'homme fabrique et utilise des outils ; mais il y a quelques années, une jeune femme chrétienne vécut un temps avec une famille de chimpanzés en Afrique et elle a découvert qu'ils pouvaient eux aussi se fabriquer des outils et les utiliser. D'autres ont soutenu que l'homme se distingue par son utilisation du feu, ou parce qu'il sait rire, au contraire des animaux. Or, la vraie différence est un peu plus surprenante : l'homme prie.

Depuis aussi longtemps qu'existe la race humaine, on retrouve des traces de cette religiosité instinctive – le sentiment que l'homme peut et se doit de s'extraire du monde matériel pour atteindre au spirituel. On n'a jamais trouvé, en revanche, de trace d'un animal cherchant à entrer en relation avec la puissance invisible qui a fait l'univers. Au-delà de tout le reste, il est en l'homme quelque chose qui l'attire au-delà du monde naturel pour adorer et prier.

Les coutumes funéraires les plus anciennes apportent la preuve d'une croyance primitive en la vie après la mort, et tout au long de son histoire, l'homme a laissé des traces de ses croyances religieuses et de ses cultes, tout bizarres ou primitifs qu'ils soient. C'est cet instinct religieux qui distingue l'homme de toutes les autres créatures : il sait sa place dans l'univers, il reconnaît qu'il n'est pas au sommet de la hiérarchie de la création, mais qu'il existe au-dessus de lui un pouvoir à qui il doit le respect devant lequel il s'incline.

Voici comment cela est présenté dans la Bible : quand Dieu a créé l'univers, les plantes et les animaux, il a ensuite procédé à une nouvelle – très spéciale – création : il a fait l'homme. « Faisons l'homme, a-t-il dit, à notre propre image ».

Il est radicalement impossible de sonder les profondeurs d'une telle déclaration, mais on peut dire sans crainte de se tromper qu'elle tient au cœur même de la vérité de l'univers. Je ne peux pas le définir, mais je peux prendre deux illustrations pour faire comprendre le sens de ce mot, « image ».

Il y a, tout d'abord, « l'image » qu'on peut voir sur une pièce de monnaie – la tête du monarque ou du président. Quoi que vous fassiez avec la pièce, l'image demeure, et quoi que vous fassiez au monarque, l'image perdure. L'image, en d'autres termes, est indépendante de son origine. Rois et reines peuvent aller et venir, mais longtemps après leur mort leur image persiste et survit sur les monnaies frappées sous leur autorité.

Puis, d'autre part, il y a « l'image » qu'on voit dans un miroir ; elle survit tant que l'objet reste dans la position physique correcte par rapport au miroir. Elle n'a pas d'existence propre et indépendante. Elle peut refléter son objet, mais ne peut pas survivre par elle-même.

Je crois que l'affirmation selon laquelle l'homme est fait « à l'image de Dieu » recouvre ces deux significations à la fois, et probablement beaucoup plus. On a l'intuition qu'il existe en soi certaines capacités que je possède en tant qu'être humain créé à l'image de Dieu et qui survivront aussi longtemps que soi : la capacité à communiquer, celle de s'autodéterminer et de dominer. Mais il existe aussi une « image » que je risque de perdre, car elle dépend entièrement de la relation qui existe entre Dieu et moi.

Donc, je ne pense pas qu'il soit illusoire de prétendre, comme, je crois, le fait la Bible, qu'on ne devient vraiment humain que lorsqu'on est en communion avec Dieu. C'est la perte de cette relation qui a déshumanisé l'homme moderne et déformé l'image de Dieu en lui et dans la société.

Néanmoins, l'homme, créé à l'image de Dieu, *est* effectivement au-dessus des animaux. C'est sa place dans l'ordre de la création. Mais, comme je l'ai déjà suggéré, il ne vient pas en seconde place après Dieu dans l'ordre divin, mais à la troisième. Entre l'homme et Dieu existe un ordre que nous négligeons souvent : les anges.

La science-fiction pose frénétiquement toujours la même question, « Y a-t-il une vie intelligente ailleurs dans l'univers et une forme de vie différente du genre humain ? » Cela fait des siècles que la Bible répond : « Oui, absolument ». Il existe une vie intelligente « ailleurs », et elle nous est supérieure. Les anges sont supérieurs aux humains – en intelligence, beauté et puissance.

Notre place est juste en dessous de la leur – « un peu inférieure aux anges », comme le dit le psalmiste. Et notre vocation c'est d'accepter notre place et la remplir pleinement. Le malheur et la déception sont le lot inévitable de qui sort de l'ordre des choses ordonné par Dieu.

Certaines personnes s'en excluent en s'inclinant devant les arbres, les montagnes et les animaux, en leur donnant la place réservée à Dieu et à ses anges, en adorant la créature au lieu du Créateur. Le plus souvent, l'homme rejette l'ordre de Dieu en cherchant à se hausser à une place qui n'est pas la sienne, en s'attribuant à lui-même le pouvoir, l'autorité et le jugement qui sont en fait réservés à Dieu. Ces deux attitudes sont erronées, et toutes deux conduisent à la catastrophe.

La dépravation de l'homme

Toutefois, la « catastrophe » subie par la race humaine remonte encore plus loin que l'incapacité de l'homme à accepter sa place dans l'ordre créé, mais cela constitue un élément fondateur de sa rébellion. Quand on regarde le monde autour de soi, il est évident que les choses ont terriblement mal tourné. Les démocraties occidentales sont minées par leur décomposition spirituelle et décadence morale. De nombreux pays sont opprimés par des régimes totalitaires. Les pays en développement s'enfoncent toujours davantage dans l'endettement et l'aide internationale est détournée par des fonctionnaires corrompus. Où que l'on regarde, ça va plutôt très mal.

Au XIXe siècle, l'humeur était à l'optimisme général. Un premier ministre britannique a basé sa campagne électorale sur le slogan, « plus haut, toujours plus haut ; plus loin, toujours plus loin ». Rétrospectivement, voilà qui nous semble, aujourd'hui, d'une affligeante suffisance ! Deux guerres mondiales et la folie qui s'en est suivi ont détruit ces illusions. Qu'est-ce qui a mal tourné ?

La Bible donne la réponse à cette question. Les choses sont allées mal dès l'origine de la race humaine – en fait, bien avant qu'elle n'existe. Les gens demandent souvent, « D'où vient le mal ? Qui l'a inventé ? » La réponse c'est que ni Dieu ni l'homme n'ont « inventé » le mal ; il a été introduit parmi les anges. Un groupe d'anges s'est rebellé contre Dieu. « Il y avait la guerre dans le ciel », avec Lucifer comme leader de la rébellion – le même qui, après son expulsion du ciel, s'est appelé Satan. Dieu n'a pas créé le mal, l'homme non plus. Mais Dieu nous a créés libres de faire le mal (et sans doute les anges aussi). Le Mal n'existe pas en dehors des êtres maléfiques, mais un être angélique mauvais a saisi l'occasion de semer la graine de la tentation dans l'esprit des premiers êtres humains, créatures de Dieu.

Tentation très grossière : « Vous pourriez être comme Dieu ». D'abord la femme, et l'homme ensuite, ont laissé germer en eux l'idée qu'ils pourraient vivre indépendamment de Dieu. Ils ont commencé à remettre en question les lois divines, en se demandant, « Pourquoi se contenter d'être locataires sur terre ? Pourquoi ne pas en devenir les propriétaires ? ».

Ils finirent par désobéir à Dieu, ce qui a entraîné toute une série de conséquences horribles que l'humanité tout entière ne connaît que trop bien : la mort physique (qui ne faisait pas partie du plan originel de Dieu pour l'humanité), et la mort spirituelle, qui nous coupe de Dieu. Les deux sont universelles. Du jour de notre naissance, nous sommes condamnés à mourir. Et ce jour-là également, nous naissons tous spirituellement morts. Quand le psalmiste s'écrie : « Ma mère m'a conçu dans le péché », cela ne veut pas dire qu'il était un enfant illégitime, ni que les rapports sexuels seraient condamnables, mais que, depuis la chute, la maladie congénitale du péché fait partie de la nature humaine. Aucun de nous ne peut se dissocier de ce qui s'est passé pour notre race ; chacun de nous fait partie de tout ce gâchis.

Les chrétiens croient en la « dépravation universelle » de

l'homme. Quel est le sens de cette phrase, plutôt intimidante ? C'est ce que nous venons de voir : pas un être humain qui ne naisse pas pécheur, et ce qu'il est par nature, il a tôt fait de le confirmer par ses choix. Il commet des actes qu'il sait être mauvais, et ce faisant, loin d'atténuer le mal, il l'aggrave dans le monde.

Beaucoup de gens répugnent à admettre une idée pareille. Pour eux, l'homme est naturellement bon. Ils croient en « la vertu originelle » plutôt qu'au « péché originel ». Ils font valoir tous ces braves gens qui existent dans le monde, et mettent peut-être aussi en avant leur propre bonne conduite, pour les opposer à ce qu'ils appellent l'obsession de la Bible à parler du mal. Quel diagnostic déprimant, n'est-ce pas ? La Bible pousserait-elle au désespoir ?

La vérité c'est qu'il est généralement rentable d'être « gentil » : bon, moral, respectueux des lois. L'ordre social encourage donc les gens à se montrer plutôt gentils que méchants. Le mieux ne serait-il donc pas de vivre dans un état de neutralité, comme anesthésié, en citoyen ni vraiment bon ni vraiment mauvais, mais du bon côté de la légalité, en payant ses impôts et en assumant ses fonctions de façon routinière et prévisible, dans le calme, l'ordre et la discipline, en ayant de bonnes manières, et en n'étant ni éhontément vicieux ou vertueux – juste gentil.

Après tout, il n'est pas de l'intérêt d'une société bien ordonnée d'avoir un trop grand nombre de membres énergiques, dynamiques ou créatifs. Ces qualités sont dangereusement imprévisibles, et pourraient bien devenir incontrôlables. Pour assurer sa sécurité, une société a besoin de moins d'artistes et de plus d'ouvriers à la chaîne ; de moins de prophètes, mais de plus de prêtres ; de moins de poètes, mais de plus d'auteurs qui écrivent ce qu'on attend d'eux. Pourtant, pour avoir une chance de s'améliorer ce sont d'hommes créatifs, énergiques et dynamiques qu'a besoin notre société, car chacun d'eux est un don de Dieu, une partie de l'image divine.

C'est à propos de ces pouvoirs divins qu'on constate le plus clairement la dépravation de l'homme. Quand il reçoit des pouvoirs divins, comment s'en sert-il ? Pour faire le bien ? Pour le bien de l'humanité ? En faveur de la paix, l'amour et la liberté ? C'est quand on regarde objectivement ce que l'homme a fait de son potentiel créatif que s'impose d'évidence combien est trompeur ce concept de l'innocence originelle. Avec un tel potentiel – avec ses pouvoirs divins – l'homme a façonné les armes de son exploitation et de son assujettissement, et c'est ainsi qu'aujourd'hui, il possède les moyens de sa destruction totale et définitive. L'homme a toujours été l'architecte en chef de sa propre destruction. « Les gens » sont « gentils », certes, mais l'homme est toujours mauvais.

L'apôtre Paul connaissait le cœur de l'homme, et son propre cœur. Il écrit : « Le bien que je voudrais faire, je ne le fais pas, le mal que je ne veux pas faire, je le fais ». Cette seule phrase résume le dilemme et la dépravation de l'homme. Créé pour Dieu et pour le bien, sa nature déchue le tire néanmoins toujours vers le bas. Il ne parvient jamais à la grandeur qu'il se sait pourtant capable d'atteindre.

Le destin de l'homme
Alors, quel est le destin de la race humaine ? Où tout cela mène-t-il ? Ma réponse tient en deux mots : le désastre absolu. Je ne vois aucun espoir pour la race humaine telle qu'elle est. Je ne peux que ressentir le plus grand pessimisme quant à l'évolution future de la civilisation humaine. Je crois que le destin de notre race est de périr : non pas mourir, cesser d'exister, mais « périr » au sens biblique du mot : cesser d'être humain, se couper de Dieu et devenir totalement déshumanisé. Cela arrive déjà tout autour de nous, et le processus va s'accélérer. Jésus a dit que nous serons en posture de plus en plus délicate, jusqu'à la fin du monde.

Tout cela va finir, effectivement. Si je me contentais de ce sombre tableau, je ne serais pas honnête quant au destin final de l'homme selon la Bible. Dieu se soucie de nous, il ne reste pas debout les bras croisés pendant que ses créatures périssent. Notre créateur a peut-être été radié de la planète sur laquelle nous vivons, et de l'ordre mondial dont nous sommes, à tort, si fiers, mais lui n'a pas désespéré de l'humanité.

Il a prévu de créer une nouvelle humanité, de repartir à zéro en donnant un nouvel ordre à l'humanité, et faire un monde nouveau, où règneront justice et droiture. Mais, dans son amour et sa miséricorde, il a décidé de façonner la nouvelle humanité à partir de l'ancienne, de nous prendre et faire de nous cette nouvelle humanité. Mais, comme toujours, Dieu ne traite pas « l'humanité » en général, mais chaque personne, individuellement. Il dit : « Je veux vous voir devenir un nouvel être humain pour moi ». Et par Christ, qui est venu sur cette terre pour sauver les hommes de la perdition, il a rendu cela possible. « Si quelqu'un est en Christ, il est une nouvelle créature ».

La façon dont cela peut arriver est tout le contraire de la méthode du diable. Le diable a tenté l'homme en lui offrant une chance de se promouvoir lui-même, de gravir les échelons pour devenir « comme Dieu ». Mais Dieu exige le contraire. Nous devons descendre l'échelle, jusque tout en bas, et admettre que nos actes offensent les lois de Dieu et ses normes ; que nous sommes pécheurs, non seulement par nature, mais en pratique. Alors, quand nous nous serons humiliés, et aurons saisi la miséricorde qu'il nous offre en Christ, il nous relèvera... pas seulement pour nous ramener là où nous étions, mais à une place supérieure, au-dessus des anges. Le destin de cette nouvelle humanité en Christ c'est de siéger à côté de Dieu lui-même. Quel destin merveilleux !

Ainsi, pour s'élever il faut d'abord s'abaisser. Dans son orgueil et son égarement, l'homme essaie désespérément de se hisser au niveau des dieux, alors qu'il doit en fait repartir de zéro. Il doit reconnaître que le seul espoir qui lui reste c'est d'être remodelé par Dieu. Les qualités humaines qui l'ont placé au-dessus des animaux ne survivront pas sans qu'il reste en relation avec le Dieu qui les lui a conférées en premier lieu. Nous sommes placés devant un choix difficile : périr, ou repartir de zéro ; perdre inexorablement notre humanité, ou découvrir qu'en Christ nous deviendrons pleinement humains pour la première fois.

Chapitre Cinq

QUI DONC ÉTAIT JESUS SUR TERRE ?

Avez-vous déjà vécu ceci ? Vous êtes avec un groupe de gens qui se mettent à parler d'un de vos amis et quelqu'un raconte quelque chose qui, vous le savez, est pure et simple calomnie. Tout à coup, vous voilà devant un choix. Vous vous tenez tranquille, sans révéler ce que vous savez de la personne calomniée ; ou vous intervenez en disant : « Écoutez, je connais cette personne, et je pense que ce que vous dites est faux – cela ne lui ressemble pas ».

C'est constamment ce que je ressens quand j'entends parler de Jésus. Maintes et maintes fois je veux les interrompre et dire, « ce n'est pas le Jésus que je connais ». Je suis heureux de les entendre parler de Jésus – et d'ailleurs jamais les gens ne parlent autant de lui qu'aujourd'hui, et aussi librement – mais on voudrait tellement qu'ils parlent du vrai Jésus. On en entend souvent parler : à la télévision et à la radio, dans les films et encore dans d'autres médias. Mais très souvent ce qui se dit de lui me donne envie d'objecter que ce n'est pas le Jésus que je connais par la Bible : et il n'y a en a pas d'autre. Les gens qui n'ont même pas pris la peine de lire les Évangiles en entier – alors que cela ne prend que quelques heures – sortent de leur chapeau des affirmations dogmatiques sur ce qu'il était ou n'était pas. Et beaucoup de leurs idées n'ont rien à voir avec ce qu'on sait sur lui.

Par exemple, on nous dit souvent que Jésus cherchait toujours le bon côté des gens et fermait les yeux sur le mal en eux. Mais ce n'est tout simplement pas vrai. En réalité, il mettait toujours le doigt là où ça faisait mal, sur ce qu'il savait là être mauvais et néfaste dans la vie des gens. C'est ce qu'il a fait avec la femme venue puiser l'eau au puits – avec douceur, délicatesse mais sans compromis, il lui a mis son immoralité sous les yeux et lui a offert une vie nouvelle et meilleure. Il appelait les dirigeants religieux hypocrites de son époque des « sépulcres blanchis ». Rien à voir avec ce qu'aurait fait un homme « à l'affut du bon côté des gens » et qui fermait les yeux sur leurs fautes.

On nous dit ensuite que Jésus faisait confiance à tout le monde, et que nous devrions donc faire de même. Or, quand j'ouvre les Évangiles je lis que « Jésus ne se fiait point à eux, parce qu'il les connaissait tous » (Jean 2:24 f).

On fait aussi valoir que Jésus ne parlait que de l'amour de Dieu, et ne serait pas d'accord avec les prédicateurs qui rabâchent que l'enfer existe en agitant l'épouvantail du jugement dernier. Pourtant, presque toutes ses paraboles évoquent ce jugement, et nous tirons notre connaissance de l'enfer des lèvres de Jésus lui-même : personne d'autre dans toute la Bible n'en parle plus que lui !

On se permet aussi des affirmations infondées sur le caractère et la personnalité de Jésus. Il y a quelques années, un évêque a laissé entendre que Jésus aurait été homosexuel. Depuis lors, on a dit ou suggéré quantités de choses à son sujet, y compris dans un film pornographique danois exhibant ses prétendues ébats sexuels. Les responsables de telles affirmations ne seront certes pas traduits en justice pour diffamation devant un tribunal humain, mais ils devront un jour en répondre devant le tribunal céleste.

Le plus important c'est d'arrêter toutes ces spéculations humaines au sujet de Jésus, quelle qu'en soit la nature ou la motivation, et de réaffirmer le Jésus des Évangiles – le seul vrai Jésus, fiable et authentique. Ces déformations de l'image de Jésus ne sont pas seulement le fait d'incroyants et d'ignorants. Les chrétiens doivent reconnaître leurs torts également. Après tout, si les gens qui nous regardent parce que nous sommes chrétiens, hommes et femmes du Christ, avec l'Église comme corps du Christ, on ne peut guère leur reprocher d'avoir l'impression que Jésus devait être quelqu'un d'anémique et d'inefficace !

Pourtant, l'image authentique des chrétiens est facilement disponible. Si tant est qu'on prenne la peine de lire le Nouveau Testament, on y trouve toutes les paroles et actions de Christ, rapportées par des témoins oculaires. Toutes les distorsions humaines et les idées toutes faites au sujet de Jésus peuvent ainsi être corrigées. Je souhaite donc résumer le témoignage de la Bible au sujet de Jésus, mettre les choses au clair pour qu'on puisse réagir à la personne qu'il est réellement, plutôt qu'aux images que des hommes ont inventées sur lui.

La première chose à dire sur le Jésus des Évangiles c'est qu'il était un véritable être humain, sans l'ombre d'un doute. Il avait un corps comme le nôtre : il avait besoin de repos, il a eu faim et soif, il connaissait la douleur et l'inconfort. Il avait un esprit comme le nôtre : il a dû apprendre à lire et à écrire, il avait le sens de l'humour et il usait de logique et de raison. Il avait un esprit comme le nôtre : il sentait le besoin de prier, et il participait au culte public, chaque sabbat à la synagogue. Nous avons affaire à un homme réel, humain de corps et d'esprit – à son procès, Pilate a pu le montrer du doigt en disant : « Voici l'homme ! ». Jésus était l'homme le plus représentatif, car il manifestait la vie humaine à son plus haut degré de qualité. Même ceux qui refusent de croire qu'il est divin sont attirés par sa personne. Le Mahatma Gandhi et Dostoïevski sont deux exemples parmi des milliers d'autres gens de toute race et de culture qui se sont penchés sur la vie de Jésus et ont dit : « Voilà comment une vie humaine doit être vécue ». Cet homme dégage quelque chose de beau et d'irrésistible.

Mais si nous disons que Jésus était un homme « comme nous », nous devons demander : « Comme lequel d'entre nous ? » Lorsque j'examine sa vie, je trouve en effet qu'il n'est pas né comme je suis né, il n'a pas vécu comme moi, n'a pas fait ce que je fais, il n'est pas mort comme je mourrai. La vie de Jésus avait une dimension qui le distingue comme quelqu'un de vraiment exceptionnel.

Prenons trois événements survenus au cours des trente premières années de sa vie et qui indiquent que Jésus de Nazareth était quelqu'un de remarquablement unique.

Tout d'abord, sa naissance. En un sens, elle fut tout à fait normale. Sa mère a accouché de lui de la manière habituelle – douloureuse. Mais, à l'origine, cette naissance n'était pas normale. Sa conception ne fut pas le fruit des relations sexuelles d'un homme et d'une femme. Ce fut une naissance virginale.

Ce genre de naissance n'est pas totalement inconnu, bien sûr. Certaines plantes et animaux simples sont capables de se reproduire sans aucune fécondation mais, jusqu'à récemment, on pensait impossible que cela puisse arriver à des êtres humains. Toutefois, une enquête scientifique sur les cas où des femmes revendiquaient avoir donné naissance à des bébés tout en étant vierges a permis de reconnaître que dans un très petit nombre de cas – cinq ou six, peut-être – c'était vrai : l'ovule femelle s'était divisé spontanément et avait fini par produire un bébé. Mais dans chacun de ces cas, le bébé était une fille, parce que l'œuf est de sexe féminin. Donc, si le bébé de la vierge Marie n'avait été qu'un cas de plus parmi ces quelques exceptions, si rares, l'enfant n'aurait pas pu être un garçon...or, Jésus en était un. Sa naissance, donc, fut tout à fait unique.

On ne sait pas grand-chose de son enfance, mais le seul incident rapporté est assez inhabituel pour montrer combien Jésus était exceptionnel. À douze ans, Joseph et Marie l'ont emmené au temple à Jérusalem pour la cérémonie où chaque garçon juif de cet âge fait sa « bar-mitsvah ». Ce jour marque le stade où il devient un homme, et juridiquement partenaire des affaires de son père. En revenant à Nazareth après la cérémonie, Jésus disparut. Il aurait dû être avec son père, puisqu'il était désormais un « homme » (les hommes et les femmes ne voyageaient pas ensemble), mais Joseph a supposé qu'il était avec sa mère. Ils se sont aperçus de son absence au cours de la halte de nuit, et ils retournèrent le chercher à Jérusalem. Ils le trouvèrent dans le temple, en grande conversation avec les rabbins, étonnés de son érudition. Marie, naturellement bouleversée, le lui a reproché.

« Nous étions mortellement inquiets » – *ton père* et moi t'avons cherché partout.

La réponse du jeune homme fut aussi simple qu'étonnante. « Ne saviez-vous pas que je dois me dévouer aux affaires de *mon père* ? »

À ce moment-là, Marie a pris conscience, et ce fut sans doute un choc, que Jésus savait parfaitement que Joseph n'était pas son père, que c'était Dieu qui avait réalisé quelque chose d'unique dans l'utérus de cette adolescente ; ce n'était jamais arrivé avant et n'arrivera plus jamais.

Le troisième incident exceptionnel fut le baptême de Jésus. Je n'ai jamais entendu parler d'un autre baptême au cours duquel on a entendu une voix audible déclarer : « Tu es mon Fils bien-aimé, en qui j'ai mis toute ma confiance ». Et je ne connais pas d'autre occasion où le Saint-Esprit est descendu sous une forme visible – comme une colombe – sur le baptisé. Son baptême fut unique.

Nous venons d'examiner seulement trois cas pendant les trente premières années de la vie de Jésus, mais quand nous passons aux trois années de son ministère public, une avalanche de preuves similaires confirme cette impression. En effet, les preuves de son unicité sont si écrasantes qu'on ne peut donner de sens aux événements sans postuler que Jésus n'est autre que le Fils de Dieu, différent donc de tout autre être humain sur Terre.

Prenez ce qu'il a fait. Des médecins et psychiatres sont parvenus à reproduire certains des miracles de Jésus. Beaucoup d'entre eux relevaient de troubles psychosomatiques – où les symptômes physiques sont causés par des troubles mentaux, psychologiques ou moraux. Lorsque le désordre intérieur est traité, les symptômes extérieurs disparaissent. C'est ainsi que Jésus guérit un paralysé par le pardon de ses péchés : en supprimant la culpabilité qui avait provoqué sa paralysie. Les psychiatres modernes diront que cela arrive parfois dans leur cabinet, aussi, et ils ont peut-être raison.

Mais aucun médecin ni psychiatre ne s'est levé dans un bateau pour ordonner à une tempête, « Calme-toi, cesse de malmener mes disciples » (littéralement, Jésus a dit, « met ta muselière », comme s'il s'adressait à un chiot un peu trop vif – même si j'admets aisément que « Paix, du calme ! » sonne mieux). Et aucun médecin ou psychiatre devant le cadavre d'un homme mort depuis quatre jours ne l'a rappelé à la vie en criant son nom – « Lazare ! » C'est parce que Jésus faisait ce genre de miracles que les gens disaient, « Seul Dieu peut faire ce qu'il fait... Quel genre d'homme est-il, lui à qui même les vents et les vagues obéissent ? »

Considérez ensuite ce qu'il *était*. Quelque chose dans le caractère de Jésus donnait l'impression aux gens ordinaires, respectueux des lois, d'être vraiment très sales et corrompus. « Retire-toi de moi, car je suis un homme méchant, ô Seigneur ! » s'est exclamé Pierre après avoir été témoin d'un de ses miracles. C'est arrivé maintes et maintes fois. Jésus, cet homme, avait quelque chose de totalement bon, et d'une bonté telle que personne n'avait rien vu de tel auparavant. Pendant les trois années du ministère public du Christ, impossible de trouver une occasion où l'on puisse dire : « Là, il a commis une faute ! Je peux me sentir plus proche de lui maintenant, car il a eu une faiblesse ». Personne ne l'a jamais pu. Jésus pouvait mettre ses pires ennemis au défi : « Qui de vous peut me condamner pour un péché ? Pouvez-vous trouver un seul défaut en moi ? » Aucun d'entre nous n'oserait poser cette question, même à ses meilleurs amis, encore moins à ses pires ennemis !

Considérez aussi, ce qu'il a *dit*. « Je vais juger le monde. Un jour, vous serez tous devant moi et je vous diviserai en deux groupes, ceux qui iront au ciel, et les autres en enfer ». Ou encore : « Nul ne peut connaître Dieu que par moi ».

Un homme qui ose proférer de telles déclarations est soit un fieffé mégalomane... ou bien il est, comme Jésus le prétendait, le Fils de Dieu. En effet, ce qui est le plus troublant au sujet du ministère de Jésus c'est qu'il s'est auto-sacré Dieu : « Je suis » (en hébreu francisé : « Jéhovah »). Parfois – au jardin de Gethsémani par exemple – ses auditeurs étaient si effarés de sa présomption qu'ils se jetèrent à terre, convaincu que Dieu allait les frapper de mort pour tant d'arrogance blasphématoire. Mais les foudres divines ne l'ont jamais frappé. En fait, le point d'orgue survint lors de son procès. Quand on lui a demandé directement s'il était ou n'était pas le Fils de Dieu, Jésus a répondu tout aussi directement : « Tu l'as dit, je le suis ».

Pour toutes ces raisons, il est clairement ridicule de prétendre que Jésus n'était « qu'un homme comme les autres », ou même un être humain exceptionnel. On est en présence ici de quelque chose d'inclassable si l'on s'en tient aux catégories humaines : vérité que même ses disciples ont mis longtemps à comprendre.

À la fin d'un séjour en Terre Sainte, je me tenais sur le mont Hermon – montagne de 1300 mètres d'altitude environ, qui se termine par une falaise à partir de laquelle jaillit une rivière de dix mètres de large, alimentée par la fonte des neige. Dans cette falaise ont été creusées des niches, dans lesquelles se dressaient les statues de dieux antiques : entre autres, Pan, censé être venu sur terre sous forme humaine, et César, qui se prenait pour un dieu.

Un jour, Jésus conduisit ses disciples à cet endroit et leur dit : « J'ai une question pour vous. Voilà deux ans et demi que nous sommes ensemble. Vous avez vécu avec moi, m'avez parlé, tout partagé de ma vie. Maintenant, qui pensez-vous que je suis ? »

Ils ont répondu qu'on disait de Jésus qu'il était *la réincarnation* de l'un ou de l'autre des grands prophètes juifs, comme Elie.

Alors Jésus leur posa encore la même question. « Mais qui dites-*vous* que je suis ? » C'est à cet instant et à cet endroit même que Pierre répondit : « Tu es le Christ, le Fils du Dieu vivant » : ni une superstar, ni la réincarnation d'un prophète, pas plus qu'un grand philosophe humain, mais *Dieu incarné*.

Quel moment extraordinaire ! Pendant tout son ministère, Jésus avait attendu cette réponse. Tant qu'il ne l'avait pas obtenue, il lui était impossible de commencer à remplir sa mission sur terre : aller à Jérusalem, y mourir et ressusciter. Pas étonnant qu'il ait dit ce jour-là qu'il pouvait désormais « édifier son Église » : il y avait maintenant quelque-chose sur quoi construire, puisqu'il était admis et confessé que son fondateur était Christ, le Fils de Dieu. C'est pourquoi l'Église d'aujourd'hui, dont les fidèles se comptent par millions, se compose de tous ceux qui partagent cette confession de Pierre.

Quelques jours plus tard, Jésus conduisit quelques-uns de ses disciples sur cette montagne, bien au-dessus de la ligne de neige, où il fut transfiguré – transformé – sous leurs yeux, revêtu de vêtements plus blancs que la neige étincelante autour d'eux. Pour un instant, ils ont entrevu l'éternité ; sa gloire a brillé au sein de Jésus, si bien que ses vêtements sont devenus transparents à la lumière. Ils virent Jésus, l'ami familier, tel qu'il était dans le ciel avant sa venue sur terre à Bethléem, quand il « abandonna sa gloire », et s'enveloppa de l'argile humaine. C'est pourquoi les images pieuses le peignant sous les traits d'un grand blond aux yeux bleus, couronné d'une brillante auréole, sont très loin de la vérité. Jésus s'était départi de sa gloire, sauf lors de ce moment de révélation aveuglante, dans la montagne.

Maintenant, passons à la dernière semaine de sa vie sur la terre, et donnons un bref résumé des faits.

Le moment était venu : les ennemis de Jésus avaient décidé de le mettre à mort. Une seule raison à cela : Jésus avait à leurs yeux commis un seul délit, offense qui fut travestie en trahison pour le rendre intelligible à un tribunal romain. Ils savaient parfaitement en quoi consistait son vrai crime : cet homme prétendait être Dieu. Pour eux, ce fut le blasphème ultime – et c'en aurait été effectivement un, si ce n'était pas vrai – et c'est cela qui motivait principalement leur condamnation. Jésus est mort sur la croix en faisant confiance à Dieu pour contredire le verdict de l'homme, pour qu'une juridiction supérieure fasse menteurs ses accusateurs. En substance, il a dit, « Si je ne suis pas le Fils de Dieu, je vais mourir et pourrir dans ma tombe. Mais si je suis le Fils de Dieu, dans trois jours je serai de retour. Dieu me relèvera ».

Et c'est ce qui arriva. Trois jours après sa mort, des rumeurs ont commencé à se répandre dans Jérusalem : Jésus était ressuscité. Les femmes se rendirent au sépulcre pour oindre un cadavre et il n'était plus là. D'autres l'avaient rencontré – dans le jardin-cimetière ; sur le chemin d'Emmaüs ; et dans la chambre haute. Le plus cynique des disciples du Christ, Thomas, avait pratiquement rejeté l'idée de la résurrection ; sept jours plus tard, il était le premier des disciples à se jeter aux pieds du Christ ressuscité en disant, « Mon Seigneur et mon Dieu ! »

Il arrive souvent que des gens se prosternent devant un être humain en l'appelant Dieu. Certaines personnes le font même aujourd'hui. Je mets au défi ces soi-disant « dieux » de prouver leur divinité comme Jésus l'a fait, en mourant et en étant ressuscités par la puissance de Dieu.

Dès qu'on parle de Jésus comme « Dieu », une question se pose, « A-t-il toujours été ? A-t-il toujours été un homme ? » La réponse à la première question est facile. Personne ne peut « devenir » Dieu. Par définition, « Dieu » existe par lui-même, et n'a ni commencement ni fin. Donc, si Jésus fut Dieu un jour, il l'a toujours été.

Mais il n'a pas toujours été homme. Je pense que c'est l'une des vérités les plus étonnantes du christianisme. J'explique parfois les choses ainsi. Imaginez-vous au Siam, devant un réservoir plein de poissons de combat. Vous avez remarqué qu'ils n'ont de cesse de se battre et s'entre-tuer. Maintenant, imaginez que vous soyez convaincu que, si seulement vous deveniez poisson, et plongiez dans ce réservoir avec eux, vous pourriez arranger les choses – leur montrer une meilleure manière de vivre. Auriez-vous envie de le faire ? Mais cela ne s'arrête pas là. Supposons que vous sachiez qu'à peine les aurez-vous rejoints sous la forme d'un poisson, ils se jetteraient sur vous pour vous déchirer et vous tuer. En auriez-vous toujours autant envie ? Pire encore. Si, par miracle vous aviez survécu, vous ne pourriez réintégrer le monde des hommes que sous la forme d'un poisson et en rester un, éternellement. Toujours envie ?

Toutes les analogies ont leurs faiblesses, y compris celle-ci. Elle a néanmoins le mérite de faire comprendre ce fait incroyable : Jésus est – encore aujourd'hui – un homme. Il ne s'est pas contenté de se faire homme pendant trente-trois ans, pour reprendre ensuite sa divinité. Sa visite à l'humanité n'était pas éphémère, il ne s'agissait pas de déchoir pour quelques années parmi les hommes. Ce qu'il est devenu, il ne peut plus en « changer ».

Résultat : puisque Jésus est devenu homme, et qu'il a introduit la nature humaine dans le ciel, la nature humaine se trouve désormais au sein même de Dieu. Il y a un homme dans le ciel ! Il y a un homme à qui adresser nos prières et par qui nous pouvons prier. Il y a un grand prêtre « qui est touché par nos infirmités », parce qu'il les comprend et peut donc compatir à nos dilemmes humains.

Le Fils de Dieu a consenti à être un homme parmi les hommes ; de plus, il a été mis à mort de leurs mains ; non seulement ça, mais il a versé des larmes de douleur, de solitude et de souffrances ; en outre, il reste homme à jamais, et il est retourné au ciel, en tant qu'homme ; et il reviendra un jour sur cette planète en tant qu'homme : c'est ça l'Évangile !

Mais il reste une vérité à révéler, une vérité complémentaire, tout aussi remarquable. Non seulement la nature humaine a-t-elle pris place à la droite de Dieu, mais, par Jésus, la vie de Dieu peut être introduite au cœur des hommes. En Jésus, et ne me demandez pas comment, tout ce qui est de Dieu a été concentré en un seul être humain. Comme Charles Wesley l'a dit, « Notre Dieu s'est contracté pour un temps, et s'est fait homme – aussi incompréhensible que ce soit ». Et maintenant, toute la vie divine qui était en Jésus peut être placée en moi. Ça aussi c'est l'Évangile !

Chapitre Six

SA MORT FUT-ELLE UN MEURTRE OU UN SUICIDE ?

Gordon Bailey, évangéliste peu orthodoxe et poète, était en train de rendre visite aux familles d'un lotissement. Arrivé devant une maison, il vit un homme à la porte et il lui dit :

« Si vous avez quelques minutes, je voudrais vous parler de Jésus. »

« La religion, ça ne m'intéresse pas ! » répondit l'homme en lui claquant la porte au nez.

« Je n'ai jamais parlé de religion ! » dit Gordon, en poursuivant la conversation derrière la porte fermée.

« Vous parlez de l'Église, alors ! » insista l'homme.

« Je n'ai pas parlé de l'Église non plus, » répondit Gordon, qui dit après quelques secondes, « Je vais vous proposer quelque chose : Je frappe de nouveau, vous ouvrez et je recommence à zéro. »

L'homme ouvrit la porte, l'air surpris et curieux.

« Quoi ? »

Avec un grand sourire, Gordon dit, « Vous n'écoutiez pas, n'est-ce pas ? Je vais vous dire, savez-vous pourquoi je ne suis pas venu : Je ne représente ici aucune religion ni église ; je ne suis pas venu vous inviter à aller à la messe ; ni vous persuader que la Bible dit la vérité ; et je n'ai rien à vendre. »

« Vous êtes venus pour quoi, alors ? » demanda l'homme, toujours un peu perplexe.

« Je vous l'ai dit… c'est pour pouvoir passer quelques minutes à parler de Jésus Christ. Remarquez, si vous me dites que vous n'avez aucun intérêt pour Jésus, je n'aurai plus qu'à passer mon chemin », expliqua Gordon patiemment.

« Ah, bon, ce n'est pas ce que j'ai dit, » répondit l'homme.

« Savez-vous qui est Jésus ? » demanda Gordon.

« Il a été crucifié, n'est-ce pas ? » s'enquit l'homme.

« Tout comme des milliers d'autres, pourquoi devrait-on se souvenir de lui en particulier ? » demanda Gordon. « C'est sans doute parce qu'il avait quelque chose de particulier. »

Gordon fut alors invité à entrer et passa plus de « quelques minutes » à parler de la personne de Jésus Christ.

Ce chapitre porte sur la croix : sur les raisons de la mort de Jésus, et pourquoi cette mort est tellement importante que c'est ce dont on se souvient au-delà de tout autre événement le concernant. Voici quelques faits qui donnent à réfléchir sur la mort de Jésus

Tout d'abord, la croix, le symbole de notre religion, était un instrument de torture et d'exécution. Imaginez : vous visitez le temple d'une secte religieuse inconnue et la pièce maîtresse qui s'offre à vous c'est un échafaud, ou une guillotine, ou une chaise électrique. Vous vous dites que c'était une religion bien éloignée du christianisme. Et pourtant, notre symbole est l'équivalent romain du premier siècle de ces moyens modernes d'exécution capitale... et beaucoup plus douloureuse, affreuse et dégradante que tous les autres.

Deuxièmement, Jésus a vécu comme si sa mort devait être le but ultime de sa mission. Son ministère a duré tout au plus trois ans, sous la menace constante de se faire assassiner ou exécuter. Il a choisi l'heure de sa mort, mais il ne fait aucun doute qu'il considérait que c'était ce que Dieu désirait le plus de sa part.

Troisièmement, les Évangiles – nos « biographies » de Jésus – consacrent jusqu'à un tiers de leurs pages pour décrire les événements en lien avec sa mort. Quelqu'un a dit que ces textes démarrent aussi vite qu'un train express – avec des mots comme : « immédiatement » il fit ceci, il fit cela « tout de suite » – et on a ensuite l'impression que le conducteur appuie sur les freins au fur et à mesure que sa mort approche. Les périodes qui se comptaient en mois cèdent la place à une narration s'étendant sur quelques jours, puis quelques heures à peine quand il est question de la trahison de Judas et de la mort de Jésus en croix.

Quatrièmement, dans cette grande déclaration de ce que l'Église croit, le 'Credo des Apôtres', pas un mot n'évoque le ministère de Jésus. Nous passons directement de sa naissance à sa crucifixion, sans aucune mention de son enseignement ou des merveilleux miracles qu'il a faits.

« . . . né de la vierge Marie, a souffert sous Ponce Pilate, a été crucifié, est mort et enterré ». . .

Cinquièmement, quand Jésus a donné à ses disciples quelque chose leur permettant de se souvenir de lui, ce fut un mémorial de sa mort : le pain rompu représente son corps brisé, et le vin versé son sang versé. Quand nous voulons nous souvenir d'un être cher, nous gardons une photo qui le montre au mieux de sa forme, quand ils allaient bien et étaient heureux. Mais Jésus veut qu'on se rappelle avant tout qu'il est mort.

Ce qui l'un dans l'autre mène à tirer une conclusion incontournable. Dans la pensée de Jésus, et dans la pratique de ses disciples depuis lors, sa mort est absolument cruciale. Dire cela n'a rien à voir avec une approche morbide, déprimante, de la vie et on n'en ignore pas pour autant les actes et enseignements de la vie de Jésus – sans oublier sa résurrection. Il se trouve tout simplement qu'on ne peut rien comprendre de sa mission sans accorder la première place à ce que lui-même estimait le plus important.

Alors, quand on regarde la croix, on contemple le mystère central et la vérité fondamentale de notre foi. Commençons par traiter de certaines interprétations de la croix qui, sans être fausses, me semblent néanmoins tout à fait insuffisantes.

On nous dit, entre autres, que Jésus est mort pour l'« exemple » – un exemple d'amour désintéressé, ou d'autosacrifice. Certes, la croix est un exemple de ces choses, mais si ce n'était que cela, elle n'occuperait pas sa position centrale dans notre foi. Quand Jésus est mort, il a fait quelque chose qu'un être humain ne pouvait pas réaliser. Ce fut un acte unique en son genre, par une personne à nulle autre pareille.

Puis on nous dit que Jésus est mort comme pour faire une « exhibition ». Je ne prends pas ce mot dans son sens trivial. On dit qu'il est mort pour montrer à l'humanité combien Dieu nous aime et qu'il ne pouvait pas aller plus loin pour le prouver.

Maintenant, encore une fois, cette vision possède une bonne part de vérité, et une vérité profonde. Sur la croix, Jésus a révélé la puissance de l'amour de Dieu, comme un volcan en éruption donne une idée du feu qui fait rage au cœur de la terre. À la croix, l'amour brûlant de Dieu a éclaté aux yeux des hommes. Mais ce ne serait en soi qu'une manifestation vide de sens si sa mort ne servait à rien pour ma vie. Lorsque le Nouveau Testament évoque la croix, cela va beaucoup plus loin ; « Le Christ est mort pour nos péchés selon les Écritures » (1 Corinthiens 15:3). Les deux mots clés sont 'péchés' et 'Écritures', et à moins de considérer la croix à la lumière de ces deux clés, on ne comprend pas pourquoi Jésus est mort.

La Bible doit être la clef de tout. Dieu ne nous a pas laissé perplexes, à nous gratter la tête tout seuls pour comprendre le sens – ou plutôt, les significations – de la croix. Tout est expliqué dans les Écritures, et je voudrais tirer de la Bible cinq significations différentes de la croix, en me basant sur les cinq lettres du mot « croix » en anglais : CROSS.

Par rapport au diable, la croix fut une *conquête*.
Par rapport au monde, la croix fut une *réconciliation*.
Par rapport à Dieu, la croix fut une *offrande*.
Par rapport à la loi, la croix fut le moyen de *satisfaire* Dieu.
Par rapport au pécheur, la croix fut une *substitution*.

Développons maintenant le sens de ces cinq déclarations.

1. Par rapport au diable, la croix fut une conquête

Nous avons vu dans un chapitre précédent que le mal a été introduit de l'extérieur de notre monde, par des êtres angéliques qui se sont rebellés et ont ensuite infecté notre planète avec le mal. Ces êtres malfaisants existent toujours et sont toujours à l'œuvre. Satan est toujours le même destructeur. L'humanité depuis la Chute s'est trouvée sous l'emprise du mal. Ce mal « cosmique » est au-delà de tout ce que nous pourrions faire pour le combattre. Il vient de plus loin que notre monde.

Lorsque Jésus a décidé d'aller à la croix, c'est précisément ce mal là qu'il s'est proposé de vaincre. Il a affronté Satan et toutes les puissances de ténèbres, les mettant au défi de commettre le plus grand mal possible, lors d'une ultime confrontation entre Dieu et son adversaire. Jésus est allé à la croix parce qu'il avait foi que sa mort priverait Satan de son pouvoir et rendrait inévitable sa défaite finale.

Cornelius Ryan a intitulé son livre au sujet du « jour J » du débarquement allié sur les plages de Normandie en 1945, « *Le Jour Le Plus Long* » – expression qu'utilisa le général Rommel, qui savait que le sort de la guerre serait scellé le jour où les alliés envahiraient l'Europe. Si les envahisseurs étaient repoussés, l'empire hitlérien n'aurait plus rien à craindre. Mais si, en ce « jour le plus long », les Alliés parvenaient à prendre pied sur le continent, ils remporteraient à coup sûr la victoire. Rommel avait raison. À la fin du « jour le plus long » on pouvait dire que la guerre était terminée. Il restait encore beaucoup de batailles acharnées à livrer et le ratissage des derniers nœuds de résistance allemande fut une entreprise longue et douloureuse, mais l'issue finale ne faisait plus aucun doute.

C'est une bonne allégorie de la bataille qui fut livrée à la croix. Quand Jésus est mort, l'issue de la guerre entre le bien et le mal fut scellée. Il reste encore à livrer beaucoup de combats douloureux et, pour mettre le Mal en déroute, il reste encore à réduire les derniers bastions ennemis et c'est encore aujourd'hui une entreprise longue et coûteuse, mais la victoire finale est acquise. L'aiguillon de Satan a été brisé, sa puissance anéantie. C'est un ennemi vaincu, et il le sait. Le chrétien qui revendique la victoire de Christ sur la croix peut constater dans la pratique quotidienne la réalité de cette conquête.

Satan s'était dit que la croix signait sa victoire contre Dieu. Il avait toutes les bonnes raisons de le croire. Mais la résurrection a prouvé qu'il avait perdu. En effet, après la résurrection, Satan n'avait plus aucun pouvoir pour tenter Jésus, il ne pouvait même plus s'adresser à lui.

Après la résurrection, Jésus n'avait plus rien à faire de Satan, parce que cet ennemi était définitivement vaincu.

2. En ce qui concerne le monde, il s'agit d'une réconciliation

« Réconciliation » signifie réunir deux parties qui s'affrontaient. L'usage le plus courant de ce mot aujourd'hui se trouve en matière matrimoniale, où il signifie la restauration des bonnes relations entre un ex-mari et sa femme. Si deux personnes qui étaient un jour ensemble se sont séparées mais ont été de nouveau réunies, on appelle cela « réconciliation ».

La relation entre Dieu et l'homme fut d'abord d'une harmonie parfaite, suivie d'une aliénation, à cause de la rébellion de l'homme. Par la suite, il y eut dans l'attitude de l'homme un réel antagonisme envers Dieu, qui se cache pourtant parfois derrière la profession d'une croyance en Dieu, ou même une pratique religieuse hebdomadaire. Mais quand l'homme déchu est évalué à l'aune des jugements moraux de Dieu, il réagit en s'opposant à Dieu et en se rebellant contre lui. Et rien ne peut résoudre un tel antagonisme : seule la croix y parvient.

L'évêque Selwyn était missionnaire chez les Maoris de Nouvelle-Zélande, au début du règne de la reine Victoria. Un jour, il a envoyé une lettre à sa famille : « J'habite parmi des gens dont le péché est une seconde nature et qui n'ont jamais été cadrés dans leur jeunesse. Quand je leur interdis l'assassinat, l'infanticide, l'adultère et le cannibalisme, ils me rient au nez en me disant qu'il n'y a pas de mal à tout ça. Mais quand je leur dis que c'est à cause de ces choses horribles que le Seigneur de Gloire a abandonné sa demeure éternelle pour venir mourir pour nous sur terre, alors là, ils veulent en savoir plus, et parfois, quelques-uns se reconnaissent pécheurs ».

Racontez l'histoire de la croix à quelqu'un, et son agressivité fondra, son inimitié envers Dieu disparaîtra.

Cependant, quand on parle de réconciliation, c'est que chacune des parties en présence a des torts. En effet, depuis de nombreuses années d'accompagnement pastoral, je n'ai vu qu'un ex-couple où l'une des parties n'avait strictement rien à se reprocher – c'était un homme qui revenait de la guerre, où il avait laissé une jambe et un bras, et était devenu sourd et aveugle ; le jour où il est arrivé chez lui, sa femme est partie et n'est jamais revenue. Dans tous les autres cas, les torts sont partagés.

Mais en est-il ainsi de l'inimitié entre Dieu et les hommes ? Peut-on reprocher quelque chose à Dieu ? Non, Dieu aime les hommes, il ne les a jamais haïs et n'a jamais été leur ennemi, quoi qu'ils aient fait.

Cependant, il est une chose que Dieu déteste – il ne nourrit aucune haine envers l'homme lui-même, seulement contre son péché. Il aime les pécheurs, mais hait le péché, et c'est cette haine du péché qu'on appelle la « colère de Dieu ». Elle exprime sa juste colère à l'égard de la présence du péché dans un monde qu'il a créé parfait. Sa colère est dirigée non pas contre les victimes du péché, mais contre le péché lui-même, la grande force négative de l'univers. Comme une maison condamnée, la terre est sous le jugement et prête pour la destruction. Mais certains de ses résidents ne sont pas disposés à la quitter – même pour un logement mille fois supérieur ! – et ils courent le risque d'être détruits en même temps que la maison sale et infestée de maladies dont les jours sont comptés.

La Bible enseigne clairement que la croix non seulement enlève l'inimitié de l'homme envers Dieu, mais elle règle aussi la haine de Dieu envers le péché. A Gethsémani, devant la croix, Jésus a prié : « mon père, s'il est possible, que cette coupe s'éloigne de moi » ! Le mot « coupe » apparaît vingt fois dans la Bible, et chaque fois, sauf trois, ce mot est utilisé métaphoriquement dans la Bible pour évoquer la colère de Dieu. C'est cette « coupe » que Jésus regardait avec une telle horreur. C'était comme si, sur la croix, Jésus avait attiré dans son corps toute la colère de Dieu contre le péché du monde. Il but la « coupe » jusqu'à la lie. Ainsi, la croix supprime l'inimitié entre les hommes et Dieu, et absorbe aussi l'inimitié de Dieu envers le péché – et quand cet antagonisme est enlevé, la réconciliation devient possible.

3. Par rapport à Dieu, la croix est une offrande
Quand Jésus est mort, il était précisément quinze heures, le quinzième jour du mois de Nisan. C'est la seule certitude qu'on ait. On n'est même pas certain de l'année (c'était probablement en 29 après J.C.), mais le jour et l'heure sont d'une très grande importance, car, à quinze heures le quinzième jour de Nisan, et jamais un autre jour, des milliers de couteaux tranchent la gorge de milliers d'agneaux. À ce moment-là, les agneaux sont sacrifiés pour la Pâque, en offrande à Dieu.

Ce genre de langage n'a aucun sens pour l'homme moderne, parce qu'il ne sait rien de la pratique du sacrifice religieux. Il faut pour cela se tourner vers les sociétés primitives, où le sacrifice d'animaux, voire d'êtres humains, était monnaie courante.

Pendant des siècles avant Jésus, les Juifs avaient abattu des agneaux innocents pendant leur culte, en acte d'« expiation », afin de faire amende honorable, et verser une indemnité pour les péchés commis. L'idée derrière tout cela était d'offrir à Dieu un animal pur, une vie sans tache, pour compenser la vie de péché que Dieu voyait dans l'adorateur. Et c'est un concept qui a reçu l'approbation de Dieu. Il avait dit aux Juifs, en effet, « Vous devez faire amende honorable pour la façon dont vous avez vécu, pour les péchés et les imperfections de votre vie. Telle qu'elle est maintenant, je ne peux pas l'accepter. Alors, prenez un agneau qui soit absolument sans tache ni ride, tuez-le et offrez-le-moi en sacrifice. Je vais accepter sa vie sans tache ni défaut en expiation pour votre vie souillée, pleine d'imperfections ».

Depuis le jour de la mort de Jésus, il n'est plus nécessaire de sacrifier des agneaux. Comme Jean-Baptiste, le cousin de Jésus, l'a dit de lui : « Celui-ci est l'Agneau de Dieu, qui ôte le péché du monde ». Jésus a offert le sacrifice ultime, total, le seul capable d'expier nos péchés réellement et totalement.

4. En ce qui concerne la loi, la croix était une satisfaction

Les lois, sans aucun doute, peuvent résoudre certains problèmes, mais elles peuvent aussi en créer un nouveau : que faire de ceux qui les enfreignent ? Question qui se pose au sein de la famille. Quand le petit dernier enfreint une règle familiale, les parents doivent-il lui donner la fessée, ou non ? Elle se pose pour la société. Quand un homme commet un crime, devons-nous essayer de le réhabiliter dans un centre de détention ouvert et agréable, ou vaut-il mieux l'enfermer dans un cachot et le mettre au pain sec et à l'eau, pour lui « donner une bonne leçon » ? Chaque fois c'est le même dilemme : punir ou pardonner ? Faire preuve de justice ou de miséricorde ? Impossible de faire les deux, donc, chaque fois qu'on a affaire à un malfaiteur – qu'il s'agisse d'un enfant vilain ou d'un criminel endurci – nous avons à décider entre ces deux réactions. Dieu seul peut éviter le dilemme, parce que Dieu seul peut être à la fois juste et miséricordieux, en même temps. Lui seul peut punir *et* pardonner.

Comment est-ce possible ? Chez les êtres humains, on ne peut choisir l'une qu'au détriment de l'autre. La seule situation dans laquelle la miséricorde peut être accordée tout en satisfaisant la justice, c'est quand une personne innocente accepte de subir volontairement la peine réservée au coupable.

Imaginez : une femme sans défense, abandonnée par son

mari, se retrouve au tribunal, où elle est déclarée coupable, et condamnée à verser une amende de cent euros sous peine de passer trois mois en prison. Elle n'a pas d'argent, et ne peut supporter l'idée d'être séparée de ses enfants ; elle supplie le juge de lui faire miséricorde. Mais le juge ne peut pas balayer les exigences de la justice d'un revers de main.

« Vous avez enfreint la loi, dit-il, et ma sentence doit être exécutée ».

Mais le voilà qui sort son carnet et rédige un chèque de cent euros, pour régler l'amende de la femme. Il a, en un seul geste, satisfait aux exigences de la justice et fait aussi miséricorde. La peine a été appliquée, mais le coupable repart libre. J'ai personnellement entendu parler d'un cas où cela même est arrivé.

Cela illustre la façon dont Dieu a résolu le problème. À la croix, la justice divine a été satisfaite, le prix du péché payé en totalité. Pourtant, le pécheur, tout coupable qu'il est, recouvre la liberté... à condition qu'il accepte la faveur qui lui est faite.

5. Par rapport au pécheur, la croix est une substitution

C'est, en effet, ce que nous venons de le voir. Christ a été « substitué » pour moi, pécheur coupable. Un jour, quand un missionnaire a prêché sur la croix devant un groupe d'Indiens, l'un d'eux s'est écrié : « Écarte-toi de la croix, Jésus ! Ce n'est pas ta place, c'est la mienne ! » C'est vrai. Quand le Christ a été crucifié, il y a été pendu à ma place, comme mon « substitut ».

Holman Hunt, l'artiste préraphaélite qui a peint « *La Lumière du Monde* », a fait un tableau appelé « *le bouc émissaire* ». Il n'est pas très connu, parce qu'il est exposé dans une galerie d'art privée, à Manchester. Il considérait que c'était son œuvre la plus importante – effectivement, il avait passé deux ans sur les rives de la Mer Morte à peindre ce tableau.

Il s'agit d'une peinture minutieusement exacte d'un animal, une chèvre, en train de mourir sous le poids énorme d'un fardeau invisible. Le titre explique ce qu'on voit : c'est le « bouc émissaire », indispensable le « Jour de l'Expiation ». Ce rituel est décrit dans le Lévitique au chapitre 16. Ce jour-là le peuple juif a pris une chèvre et a « transféré » ses péchés en imposant les mains sur sa tête et en les confessant. Alors le pauvre animal, chargé (pour ainsi dire) de tous les péchés de la nation, a été chassé de Jérusalem pour aller mourir dans le désert.

Holman Hunt a peint une chèvre, mais de la même manière qu'il peignait le Christ ; les yeux de l'animal sont remplis de tristesse. C'est le parfait « bouc émissaire » à qui l'Ancien Testament portait déjà témoignage, des siècles à l'avance.

Donc, la croix est une façon complète et satisfaisante de traiter le péché de l'homme sans faire affront au principe de justice. Mais son efficacité exige que nous exercions notre foi. Dès que le pécheur croit que Jésus est mort pour lui, ses péchés sont pardonnés et il a une place au ciel.

Mais ce n'est pas tout. C'est tout simplement le début d'un nouveau genre de vie – une vie vécue chaque jour à la lumière de la croix. Le secret de cette vie n'est pas seulement de dire, « Il est mort pour moi », mais d'ajouter, « Et je suis mort avec Lui ». Le Christ joue le rôle de mon remplaçant, non seulement dans la mort, mais dans la vie. Alors, la vie que je mène maintenant n'est plus la mienne, mais celle de Christ, mort pour moi, et qui vit maintenant en moi. Je suis mort avec lui sur la croix, et sa vie de ressuscité est mienne aussi.

Donc, la croix est au centre de toute cette affaire de devenir chrétien et de persévérer. C'est pourquoi nous prêchons « Le Christ crucifié » et la gloire issue d'un instrument de mort devenu moyen de vie.

Chapitre Sept

OÙ EST-IL MAINTENANT ?

« Sur son manteau et sur sa cuisse un nom est écrit : Roi des rois et Seigneur des seigneurs ». C'est ainsi que le livre de l'Apocalypse décrit la gloire de Christ dans le ciel. Mais cette expression transmet-elle aux lecteurs modernes autre chose que l'ombre de ce que cela signifiait pour ceux qui l'ont entendue les premiers ?

Prenez le mot « roi ». Les quelques « rois » qui restent dans le monde occidental sont des monarques constitutionnels, figures de proue qui décorent les cérémonies et fournissent un dispositif au maintien du gouvernement parlementaire entre deux élections. Il y a quelques années, nous avons regardé à la télévision le couronnement du nouveau roi de Suède, quelques semaines après qu'il ait formellement renoncé aux derniers vestiges de son autorité réelle sur la nation.

La puissance terrifiante entourant les monarques absolus de l'ancien monde est inimaginable pour nous aujourd'hui. Ce n'était pas seulement leur parole qui avait force de loi, même en matière de vie et la mort. On les assimilait à des dieux – et en effet, à Rome et dans beaucoup d'autres nations, le pouvoir absolu était considéré comme divin. Ce n'est que dans le contexte d'une puissance si grandiose qu'on commence à soupçonner l'incroyable puissance du titre de « Roi des rois ».

Il en est un peu de même du mot « Seigneur » – nos modernes « seigneurs » ont beaucoup moins de puissance réelle que leurs homologues à l'Assemblée Nationale. Dans le monde antique, le titre a une histoire intéressante. C'était au début le titre adressé par un élève à son enseignant ; puis il a acquis une dignité de plus en plus élevée : celle d'un maître sur un serviteur, d'un propriétaire sur un esclave, d'une autorité sur ses sujets, et, finalement, d'une divinité. C'est ainsi qu'on a découvert des expressions écrites sur un parchemin d'Égypte remontant à l'Antiquité et invoquant la divinité : « J'ai prié mon seigneur Sérapis pour cela » – « seigneur » était devenu le titre d'un dieu.

Au temps de l'Empire romain, c'est devenu le titre exclusivement réservé à l'Empereur. « César est Seigneur ». Seuls deux sortes de gens ont refusé de lui donner ce titre. Les Juifs ont eu une dérogation légale pour des motifs religieux. Les chrétiens ont également refusé de l'utiliser, mais ils n'ont pas eu de dispense légale et ont été jetés aux lions. Pour eux, il n'y avait qu'un seul Seigneur, Jésus, mais il en coûtait cher de défendre cela à l'époque romaine. Appeler Jésus « Seigneur » pouvait coûter au croyant sa vie : on peut donc être sûr qu'on ne s'y serait pas risqué sans en être parfaitement sûr.

Mais pour nous, le titre a été galvaudé. Notre époque est synonyme d'une perte généralisée de respect à l'égard des personnes en situation d'autorité, et avec la disparition de la notion de pouvoir absolu, il nous est moins facile de ressentir le frisson de crainte qu'un tel titre déclenchait à l'époque. La musique de Haendel nous suggère peut-être le mieux le sens de cette adresse : « Roi des rois et Seigneur des seigneurs ». Effectivement, c'est un titre stupéfiant : le monarque au dessus de tous les monarques, le gouverneur des gouvernements, la au-dessus puissance et l'autorité dans l'univers.

Comment Jésus a-t-il pu acquérir ce titre ? De quel droit peut-il se targuer d'un pouvoir aussi absolu et le recevoir ? Les réponses sont au nombre de trois, et ensemble, elles forment les « trois R » du culte chrétien.

Le voici :
En raison de sa Résurrection.
En raison de son Règne.
En raison de son Retour.

Ce sont les trois dimensions de la majesté du Seigneur Jésus-Christ.

1. En raison de sa résurrection

La résurrection distingue Jésus de tous les autres rois et gouvernants. Pas un seul d'entre eux n'a été en mesure de vaincre la mort. Le monde est jonché des tombes de rois ; dont beaucoup prétendaient être (et furent traités comme) des dieux.

Tout le faste et la puissance dont ils purent s'enorgueillir jadis ont pris fin de la même manière. Comme l'écrit le poète :

> *La mort pose ses doigts glacés sur les Rois…*
> *Dont le sceptre et la couronne tombent*
> *immanquablement,*
> *Et, retournés à la poussière, redeviennent égaux*
> *Au pauvre commun des mortels.*

Aucun roi, aucun seigneur, aucun gouvernement, aucun dictateur ou président n'a jamais été en mesure de vaincre la mort. On pourra bien conserver son corps pendant un certain temps dans un mausolée ou un cercueil de verre. Ses monuments peuvent lui survivre pendant des siècles. Mais, lui, est mort. Seul Jésus a vaincu la mort. Eux sont morts. Il est ressuscité.

Evidemment, beaucoup de gens ont essayé de rejeter ou de réfuter l'idée que Jésus est ressuscité d'entre les morts. Certains ont suggéré qu'il n'est jamais vraiment mort, mais a tout bonnement récupéré de son coma et s'en est retourné à ses disciples, transportés de joie. Il faut alors admettre que ce pauvre personnage, écrasé, aux trois quarts morts, après avoir subi une grande perte de sang et beaucoup de souffrances physiques, ait non seulement récupéré de son coma, mais aussi eut la force de pousser l'énorme pierre qui scellait son tombeau – alors que normalement, il faut combiner les efforts de plusieurs hommes d'une grande force pour la déplacer.

D'autres ont suggéré que les disciples ont été victimes

d'hallucinations, tous en même temps, et à toutes les nombreuses occasions où, ensemble ou individuellement, ils ont vu Jésus ressuscité.

Mais la plupart des théories de rechange sont encore plus difficiles à croire que la résurrection elle-même. En effet, on dispose de tellement d'éléments de preuve à l'appui de la résurrection qu'aujourd'hui, près de deux mille ans après l'événement, environ 700 millions de personnes croient que Jésus de Nazareth est revenu d'entre les morts.

Ces gens pourraient tous avoir tort, mais cela semble peu probable ! On a les preuves apportées par la tombe vide, les vêtements funéraires bien pliés, et des disciples transformées ; celle du changement de la journée principale de culte, passant du samedi au dimanche ; celle de l'établissement de l'Église naissante et de sa croissance extraordinaire dès les premières années après la crucifixion – cet ensemble de preuves plaide puissamment en faveur de la réalité de la résurrection.

Beaucoup de ceux qui ont entrepris d'analyser les éléments de preuve de façon impartiale – ou même avec un a priori négatif, en vue de discréditer les revendications de l'Église – ont fini par acquérir la conviction que ce Jésus qui était mort est vivant aujourd'hui. Le livre « *Qui a fait rouler la pierre ?* » est un bon exemple de l'évolution des idées aujourd'hui.

Mais il n'est pas simplement question des preuves de la résurrection. Il s'agit aussi de comprendre sa signification. Pourquoi Jésus devait-il revenir d'entre les morts ? Quel sens cela avait-il ?

La réponse est simple. À la crucifixion, le monde a livré son verdict contre Jésus : cet homme était trop mauvais pour vivre ; c'était un blasphémateur ; il se prétendait Dieu, sans l'être, et devait donc mourir. À la résurrection, au contraire, Dieu a inversé le verdict du monde sur Jésus. Il est le Fils de Dieu ; il dit la vérité ; loin d'être trop mauvais pour vivre, il était trop bon pour pourrir trois pieds sous terre – « mon Saint ne doit pas voir la corruption », dit Dieu.

Mais c'est *l'expérience* de la résurrection qui clôt le débat pour les chrétiens. Cependant on a beau étudier les éléments de preuve ou analyser la signification de la résurrection, ce n'est que lorsqu'on en fait l'expérience qu'elle devient réelle. Un ami à moi qui s'exprimait dans la rue a été interpelé par un chahuteur, qui lui a demandé comment il savait que Jésus était ressuscité d'entre les morts. « Parce que je lui ai parlé ce matin même », répondit-il. C'est cela l'essentiel : l'expérience personnelle de la rencontre avec le Seigneur ressuscité – et il n'est vraiment « Seigneur » que pour ceux qui l'ont rencontré.

2. En raison de son règne

La deuxième raison pour laquelle Jésus est le Roi des rois c'est qu'il exerce son règne aujourd'hui. Et que ce règne repose sur ce que les chrétiens appellent son « ascension ». Car non seulement Jésus est ressuscité des morts, est retourné au ciel, a été « enlevé » sous les yeux ébahis de ses disciples... mais c'est le premier homme et le dernier à être entré avec son corps dans le ciel – si ce n'est Enoch ou Élie.

Et, dans le ciel, il occupe la place la plus honorée, la position décrite dans la Bible comme « à la droite de Dieu ». C'est une place d'honneur et de gloire, mais aussi le lieu du pouvoir et de l'autorité. Votre « bras droit » c'est celui qui met en œuvre vos décisions. De cette place d'honneur, Jésus exécute la volonté de son Père dans l'univers. C'est de là – « assis à la droite de Dieu » – que tout se passe.

Au cours de sa dernière conversation avec ses disciples sur la terre, Jésus dit : « Tout pouvoir dans le ciel et la terre m'est donnée ». Pour parler ainsi il faut nécessairement être mégalomane... à moins que cela soit vrai. Cinq cents personnes étaient présentes quand il a fait cette déclaration, et personne ne l'a mise en doute ni taxée d'incroyable. Ils étaient convaincus qu'il ne disait que la simple réalité.

Quel réconfort ! Malgré la confusion de tout ce qui se passe dans le monde – les guerres et le désordre des révolutions et des bouleversements mondiaux – Jésus garde le contrôle. Tout ce qui arrive est au final contrôlé par lui. Et si parfois il nous semble qu'il nous a oubliés, ou a négligé quelque grave injustice ou scandale, tout ce que nous voyons en réalité, c'est la patience de Dieu, qui attend notre repentir plutôt qu'avancer la date de notre jugement. Mais on peut en être certain : il tient toujours l'histoire au creux de sa main. Le monde n'est pas le chaos. Jésus garde le contrôle.

Toutefois, il n'est pas simplement question de ce que Jésus a fait pour nous. Ce qui est beaucoup plus important c'est ce qu'il fait pour Dieu. Il règne en qualité de régent de Dieu jusqu'à ce que tous ses ennemis soient sous ses pieds.

Ensuite, tous les royaumes du monde vont devenir le royaume de notre Seigneur Jésus-Christ, et il va les restituer au Père, afin que « Dieu soit tout en tous ». Quand on lit les quotidiens on lit ce que Jésus-Christ fait aujourd'hui : laisser le péché montrer son vrai visage, dénoncer le diable sous son jour le plus sinistre et se préparer, quand l'homme aura atteint le fond, à revenir sur la scène de l'histoire et apporter justice et paix à ce monde malade et triste.

3. En raison de son retour

Cela nous amène à la troisième raison pour laquelle Jésus est le Roi des rois – son retour. Ne vous méprenez pas, Jésus revient. Trois cent fois, le Nouveau Testament nous le répète. Combien de fois Dieu doit-il dire quelque chose avant que les gens y croient ? La promesse de Jésus à la veille de sa mort fut, « Je reviendrai ». Un mourant dit la vérité. C'est la parole de Jésus juste avant sa mort, et il tiendra promesse.

Personne ne sait exactement quand il reviendra. Imaginez les réactions si les gens connaissaient la date – certains pourraient paniquer, d'autres agir de façon irrationnelle, et quelques autre, j'ose le dire, se diraient qu'ils ont tout le temps de se repentir, et attendraient la dernière minute. Il vaut vraiment bien mieux de ne pas le savoir. Même Jésus, quand il était sur la terre, n'en connaissait ni le jour ni l'heure exacts.

Mais de nombreux signes existent, de sorte que les chrétiens qui font preuve de vigilance et cherchent ces indices ne seront pas pris au dépourvu. Et nombreux sont ceux dans le monde qui croient aujourd'hui que ces signes sont là, et se présentent l'un après l'autre.

Franchement, je ne m'attends pas à ce que Jésus retourne mardi prochain, parce que tous les signes ne sont pas encore là, mais au rythme actuel des changements dans le monde qui peut affirmer quoi que ce soit ? Il pourrait revenir pendant ma vie, ou celle de mes enfants. Mais quelle que soit la date, l'essentiel c'est d'être prêt, ne pas être pris au dépourvu. « Soyez sobres, et restez vigilants ».

L'un des contes d'Andersen raconte l'histoire d'un empereur qui voulait voir comment ses sujets se comportaient en son absence. Alors, il s'habilla comme un mendiant et visita la ville : il fut chassé de sa propre ville ! Quelques jours plus tard, quand il vint en triomphe dans son char doré, tout le monde s'inclina comme par le passé, mais quand ils ont regardé à l'intérieur de la voiture pour voir l'empereur, à leur grand étonnement ils virent le visage du mendiant qu'ils avaient si mal traité.

Les gens rejettent Jésus depuis deux mille ans. Ils l'ont rejeté en disant qu'il n'était qu'un « homme ordinaire », sans aucune légitimité à les diriger. Mais comme les citoyens de l'histoire, ils verront que le « mendiant » est en fait l'« empereur », que l'homme de Galilée est le Roi des rois. Le signe de sa première venue n'était qu'une petite étoile dans le ciel oriental, mais celui de sa seconde venue sera comme un éclair qui illuminera tout le ciel de l'orient à l'occident. À ce moment-là, tout genou fléchira et toute langue confessera – avec joie ou dans la crainte – qu'il est Seigneur de tous.

Que fera le Christ lors de son retour ? Trois choses. Tout d'abord, il s'opposera ouvertement aux forces du mal qui ont asservi cette planète depuis si longtemps et les vaincra. Je crois qu'il y aura une terrible confrontation entre le bien et le mal pendant les derniers jours de l'histoire. Les plans diaboliques de Satan culmineront sous le règne d'un souverain du monde (décrit dans la Bible sous le nom d'« Antéchrist ») qui va tenter d'usurper la place de Christ lui-même. C'est de ce mal que Jésus viendra nous libérer – il fera Satan prisonnier, le liera et le rejettera à jamais.

Ce n'est pas un ennemi humain auquel Christ sera confronté, car ce n'est pas un mal humain qui provoque notre esclavage, c'est Satan, le père de guerres, de la haine et de la souffrance, et seule sa défaite pourra y mettre un terme.

Puis, deuxièmement, Christ vient pour *diviser* la race humaine en deux, comme jadis il a réparti l'histoire entre les temps avant J.C. et ceux d'après. La ligne de démarcation traversera les familles autant que les congrégations religieuses. Il va séparer les brebis des chèvres, le grain de l'ivraie, les vierges sages des folles. « De là, il viendra juger les vivants et les morts ».

Troisièmement, il vient *délivrer* son peuple, ceux qui l'aiment. Je crois que l'Église va passer par de plus en plus de souffrances. Il va devenir de plus en plus difficile de se dire chrétien, car Satan se prépare pour lancer son dernier assaut désespéré et garder pour lui les royaumes de ce monde. Nous sommes avertis dans la Bible que le sang des saints se mettra à couler comme des rivières jusqu'à ce que les âmes des martyrs crient vengeance de dessous l'autel.

Et puis le Christ viendra – pour venger ses saints, pour inverser la victoire apparente du mal et renverser Satan. Quand tout semble perdu, lorsque les perspectives les plus sombres se présentent – c'est qu'est proche le jour du triomphe du Christ, où les hommes verront qu'il est vraiment « le Seigneur de tous ».

Le credo des premiers chrétiens ne tenait qu'en trois mots – la confession, « Jésus est Seigneur ». C'est là le cœur du christianisme, et le cœur de ce que nous croyons. La vie ne fonctionne que d'une façon, et c'est alors que Jésus est Seigneur. Paul, ce jeune homme ambitieux et entêté en est venu au point où il s'est appelé lui-même « un esclave du Seigneur Jésus ». Ce fut le moment de la victoire. Lorsque votre vie chrétienne ne va pas, et que surgissent problèmes et difficultés, la cause est toujours la même et elle est très simple. À ces moments-là, Jésus n'est plus Seigneur.

Non seulement la vie chrétienne individuelle, mais la vie de l'Église aussi, ne fonctionne que lorsque Jésus en est Seigneur. L'Église sombre dans des scandales moraux, ou est divisée et en conflit, lorsque Jésus n'est plus Seigneur dans la vie de son peuple.

C'est également vrai de la vie du monde. Politiciens, économistes, hommes d'État et négociateurs tentent de remettre les choses sur les rails, mais le monde ne fonctionne que dans un sens : quand Jésus est Seigneur. Il ne peut y avoir de paix véritable tant que le Prince de paix n'est pas reconnu comme tel.

Enfin, pour ceux qui sont à la recherche de sens, d'un point autour duquel organiser leur vie, y compris ceux, même très jeunes, dont la vie morale, intellectuelle et affective est un champ de bataille, la vie prendra une direction précise, ne deviendra significative et intégrée que lorsque Jésus sera Seigneur.

C'est ce que nous croyons. Comme le dit l'ancienne prière, « Roi des rois, Seigneur des seigneurs, le seul prince des princes » – Jésus est Seigneur !

Chapitre Huit

QUE SIGNIFIE ÊTRE SAUVÉ ?

Dans une mine de charbon, trois mineurs sont pris au piège d'un éboulement à des dizaines de mètres au-dessous de la surface. Ils savent qu'ils risquent de respirer des gaz toxiques ; qu'il peut y avoir une explosion. À la surface, tous les hommes disponibles et tous les moyens techniques ont été mobilisés. Caméras de télévision, lampes à arc, parents inquiets devant le puits de mine – nous l'avons tous vu sur nos écrans. Et puis, après de nombreuses heures d'angoisse, les mineurs sont remontés à la surface et à la vie. Ils ont été sauvés.

On peut aussi prendre l'exemple de cet incident, trop banal, pendant les vacances. Un nageur se trouve en difficulté plusieurs centaines de mètres de la plage. Il se débat et cela alerte le maitre-nageur, qui plonge dans les remous et nage puissamment jusqu'à l'endroit où il a vu l'homme, qui se noie. À cet instant, il a cessé de lutter. Il flotte juste en dessous de la surface, immobile. Le sauveteur le tire sur le rivage, et commence le bouche-à-bouche. Une demi-heure plus tard, le premier souffle de vie gonfle à nouveau la poitrine de l'homme. Il est vivant. Il a été *sauvé*.

Dans de telles situations, il est naturel d'utiliser le mot « sauvé ». Quelqu'un était en péril, proche de la mort. Et par les efforts d'une tierce partie, il a été tiré de son triste sort... sauvé. Pourtant, lorsque nous utilisons le même verbe en parlant d'une expérience religieuse, ou qu'on demande, « Êtes-vous sauvé ? », on trouve que ça fait artificiel. Après tout, tous ces gens agréables, respectables, respectueux de la loi assis sur les bancs – de quoi diantre est-il nécessaire de les « sauver » ? Le mot semble trop fort, trop extrême.

Il en va de même de « salut », mot qui a la même racine que

les mots « sain et sauf », sauvegarde et sauvetage. Il s'agit d'un mot très « fort », aux nombreuses nuances de sens, et il est au cœur même de ce que nous croyons. Nous allons donc examiner sept facteurs impliqués dans le « salut », dans « être sauvé ».

Le salut nous sauve du péché.
Le salut vient après le repentir.
Le salut est par la grâce.
Le salut est par la foi.
Le salut est reçu avec assurance.
Le salut vise la sainteté.
Le salut est pour l'éternité.

1. Le salut nous sauve du péché

Nous avons tous des ennuis. Et on se dit même parfois que la vie n'est qu'une tartine d'ennuis dans ce monde. Au fil des ans, je constate que de plus en plus de gens viennent me confier leurs problèmes et ennuis, comme jamais dans mon ministère. Solitude, peur, ennui, ignorance, pauvreté, les raisons de s'inquiéter abondent, mais quel est *le* problème ? Quelle est la cause de tout cela ?

Comme nous l'avons vu dans un chapitre précédent, la réponse c'est le péché. C'est l'explication fournie par Dieu à tous nos maux. Si vous venez à Dieu pour qu'il résolve tous vos autres problèmes, mais sans lui confier celui-là, vous n'aurez guère de chance de trouver une vraie solution. Nous présentons nos problèmes, mais le diagnostic de Dieu c'est qu'à la racine du problème, au cœur de la maladie, se trouve le péché.

Imaginez : un patient va consulter son médecin, qui est aussi son ami, pour lui dire qu'il se sent seul et déprimé. Mais, au cours de la conversation, le médecin remarque certains symptômes – dans les yeux du patient, peut-être, ou un spasme de ses membres, ou la couleur de ses lèvres – et il arrive à la conclusion qu'il souffre peut-être d'une maladie très grave. Il essaie de parler de ces symptômes, de poser des questions sur la santé générale du patient, et d'autres concernant cette maladie. Mais son visiteur ne joue pas le jeu. Il babille sur son sentiment de solitude et d'ennui, jusqu'à ce que, n'y tenant plus, le médecin l'interrompt sans ménagement pour lui demander : « Ça te dérange si je te dis quelque chose ? Je crois que tu es atteint d'une maladie très dangereuse, beaucoup plus grave que ton ennui et ton isolement. Si tu ne me laisses pas t'examiner et te prescrire un début de traitement, je crains fort que tes petits ennuis ne te dérangeront plus du tout parce que tu seras mort... »

Mais supposons que son patient refuse de coopérer. « Non, non », dira-t-il : « Je ne peux pas accepter cela. Je ne crois pas être malade. C'est juste que je m'ennuie et souffre de solitude ».

Lorsque nous venons à Dieu chargé de nos ennuis et problèmes, je crois qu'il veut traiter d'abord la racine de tous nos maux, le péché. Telle est la maladie mortelle, dont tous les autres problèmes ne sont que les symptômes. Le péché engourdit nos nerfs spirituels de sorte que nous ne sentons pas avec acuité les ravages du péché, ni la présence de Dieu autour de nous. Nous devenons spirituellement insensibles.

C'est pourquoi le péché est une maladie mortelle. Il ne s'agit pas seulement des choses mauvaises que nous faisons – mais de violation des lois de Dieu. Cela va beaucoup plus loin. C'est ce que nous sommes, que nous avons hérité de nos parents et de leurs parents avant eux... une maladie congénitale. Et c'est une maladie progressive, aussi, qui érode implacablement les facultés reçues de Dieu, nous empêchant de voir la vérité et sa bonté, et bientôt nous sommes spirituellement morts, ne sommes plus en mesure d'entrer en relation avec Dieu ou de répondre à ses sollicitations, ni même à sa bonté. C'est de ce triste sort, que Jésus appelle « l'enfer », que nous devons être sauvés.

2. Le salut vient après la repentance

Qu'est-ce que « la repentance » ? Signifie-t-elle battre sa coulpe – être terriblement désolé, peut-être – de ce que nous avons fait ?

C'est plutôt du remords, alors, et c'est un sentiment louable, mais ce n'est pas la repentance. La plupart d'entre nous sommes désolés des conséquences de nos péchés : punitions, relations gâchées, récriminations et scandale. Le repentir, comme l'a dit un jour un écolier, c'est « être triste au point de ne plus jamais recommencer. Martin Luther a dit la même chose d'une façon un peu plus théologiquement correcte : « Le vrai repentir c'est de ne plus faire ce qu'on faisait ». Un évangéliste bien connu lançait en ces termes son traditionnel appel à la fin d'une réunion : « Ne vous avancez pas pour accepter le Sauveur sauf si vous avez décidé de laisser vos péchés sur votre siège ! »

C'est bien de cela qu'il s'agit quand on se repent : être prêt à abandonner nos péchés. Cela démontre qu'on veut vraiment être sauvé, et prouve qu'on sait pertinemment de quoi. Ce qui est totalement impossible c'est garder ses péchés et gagner son salut. Les deux sont incompatibles.

3. Le salut est donné par grâce

Quand j'étais dans le comté d'East Anglia, un homme m'a dit, « Il m'a fallu quarante-trois ans pour découvrir trois choses. Tout d'abord, que je ne pouvais rien faire pour me sauver. Deuxièmement, que Dieu n'a pas besoin de moi pour faire quoi que ce soit. Troisièmement, que tout cela est vrai grâce à Christ. »

Par nature, les êtres humains se méfient de tout ce qui est offert gratuitement. On raconte cette histoire : dans ma ville natale, Newcastle, un homme riche avait décidé de distribuer de l'argent aux gens qui passaient sur le pont Tyne où il s'était installé. Eh bien, pratiquement personne n'était intéressé. La plupart des gens l'évitaient, ou le fuyaient prestement. Ils ne pouvaient s'empêcher de penser qu'il devait y avoir « un truc louche là-dessous ».

Est-ce qu'on est orgueilleux au point de ne pas pouvoir accepter la « charité » ? Ou craint-on quelque obligation cachée dans les petites lignes ? Quoi qu'il en soit, tant de suspicion et méfiance sont un obstacle terrible. Les personnes âgées refusent de demander l'aide financière des services sociaux. D'autres, dans le besoin, sont réticents à demander ce qu'on leur offre sans arrière-pensée – souvent par orgueil : « J'ai toujours réussi à m'en sortir tout seul, alors ce n'est pas maintenant que je vais m'abaisser à mendier ».

C'est l'une des raisons pour lesquelles beaucoup de gens ont tant de mal à accepter la grâce de Dieu. La grâce implique deux choses toutes simples : quand nous venons à Dieu pour être sauvés, nos mauvaises actions ne sont en aucune façon une entrave au salut et, surtout, nos bonnes actions sont hors sujet !

On a beau avoir commis les actes les plus horribles par le passé, rien ne peut faire obstacle au salut. Et on a beau avoir les plus belles actions à son palmarès, ce n'est pas elles qui peuvent sauver quelqu'un. Et même, ces bonnes actions risquent d'entraver le salut : si on vient à Dieu en refusant d'avoir les mains vides (ce que Dieu exige pourtant), mais avec les bras chargés de tout le bien dont on peut se targuer. Pour recevoir la grâce, il faut avoir les deux mains vides, comme le dit l'hymne de Toplady :

> *Me voici avec rien dans les mains*
> *Mais, par la croix, sûr de mes lendemains.*

Le salut est « par grâce ». Toute une vie de lutte suffit parfois tout juste pour comprendre qu'il n'est de salut qu'ainsi, et apprendre qu'il n'y a rien qu'un homme puisse faire pour se sauver. Dieu n'exige rien de nous, le Christ a tout fait.

4. Salut par la foi

Des mots aussi petits que des prépositions prennent parfois une importance cruciale, et c'est le cas du salut. Il est *par* la grâce, *au moyen de* la foi. La foi n'est que le lien ; c'est la grâce qui fournit la puissance.

Alors, qu'est-ce que la foi ? La première chose à établir, c'est qu'il n'est pas question de sentiment. Martin Luther a dit : « Je ne pense pas que mes péchés sont pardonnés, mais je sais qu'ils le sont parce que Dieu l'a dit dans sa Parole ». La foi ne se sent pas, même s'il arrive qu'on éprouve de merveilleux sentiments en suivant Christ dans la foi. Dans un sens, lorsque le Saint-Esprit s'empare d'une personne, il exprime ses sentiments d'une manière nouvelle, le libérant des inhibitions qu'il refoulait, et qui l'empêchaient de ressentir amour, joie et paix. Mais ce n'est pas le sentiment qui crée la foi, c'est la foi qui crée le sentiment.

La foi n'est pas non plus avant tout une question de pensée. La pensée est impliquée bien sûr. Il y a une composante intellectuelle minimale nécessaire à la foi : comprendre la divinité de Jésus, par exemple, sa mort et sa résurrection. Mais si vous récitez le Credo et dites : « Je crois tout cela avec mon esprit », votre croyance n'est pas plus forte que celle des démons... et ils croient peut-être un peu plus que nous, car la Bible nous dit : à la seule pensée de Christ, « ils tremblent ».

Alors, qu'est-ce que la foi ? La foi c'est prendre ces vérités et les appliquer personnellement, en disant : « Jésus est mort pour moi – est ressuscité pour moi – et reviendra pour moi. » Les démons ne peuvent pas partager cette croyance, ce genre de foi.

La foi est, en un sens, un acte de confiance par lequel le croyant prend sa vie et la met entre les mains de Christ. C'est à faire au quotidien – m'en remettre à quelqu'un d'autre. Dans la vie ordinaire, nous le faisons tout le temps, chaque fois nous montons à bord d'un avion ou d'un bus, chaque fois que nous nous remettons aux mains d'un chirurgien. La foi, c'est ça : mettre ma vie en ruines entre les mains de Jésus et lui en remettre désormais la responsabilité.

5. Le salut est une assurance

Dieu veut que vous sachiez que vous lui appartenez. Quand les gens demandent à un enfant de Dieu « Êtes-vous sauvé ? », Dieu ne s'attend pas à entendre son enfant répondre, « Je l'espère », « J'essaie de l'être » ou « J'ose l'espérer ». Il veut qu'on en soit sûr, sans arrogance, mais avec foi ; en n'étant pas sûrs de nous-mêmes, mais sûr de lui et de ses promesses.

Cette assurance vient pour commencer de sa Parole et de la promesse qui s'y trouve, mais aussi, et peut-être plus profondément, de notre conscience, car c'est elle qui nous assure que nous sommes enfin libres de cette force destructrice appelée péché, qu'il y a un changement dans notre manière de vivre, et que nous sommes enfants de Dieu. Par-dessus tout, Dieu veut implanter dans nos cœurs la force de son Esprit-Saint. C'est par ce don de l'Esprit que ses enfants peuvent l'appeler « Père ». Après tout, c'est le droit que tout enfant reçoit à sa naissance et Dieu nous l'a réservé.

Il y a des gens qui croient en Dieu et font confiance à Christ. Par la foi ils ont reçu la grâce du salut. Mais ils manquent encore d'assurance. Ils s'inquiètent, se tourmentent même au sujet de leur position devant Dieu, ce qui affaiblit d'autant leur témoignage. Ces personnes ont grand besoin de demander à Dieu de leur faire prendre un pas de plus, de déverser son Saint-Esprit dans leur cœur pour témoigner avec force qu'ils sont des enfants de Dieu, en partance pour le ciel.

6. Le salut est la sainteté
Le salut ne libère pas seulement du péché ; il conduit vers la sainteté. En d'autres termes, ce n'est pas simplement un exercice négatif. La Bible parle d'être « sauvé parfaitement » (Hébreux 7:25), mais très souvent l'interprétation des prédicateurs c'est « tiré de la boue du fossé ». Nous sommes sauvés pour une raison, en vue d'un destin : et ce destin, c'est la sainteté.

C'est une pensée qui donne à réfléchir : nous sommes aussi saints que nous voulons l'être, ni plus ni moins. Je ne crois pas qu'il existe je ne sais quel « forfait garanti » de sainteté, qui nous serait décerné une fois pour toutes, peut-être lors d'une convention chrétienne, et dont il ne serait plus question ensuite. La sainteté c'est une relation au jour le jour avec Dieu, qui n'est pas statique. Néanmoins, je sais qu'à certaines occasions, on est tellement rempli de l'Esprit que la sainteté ne semble plus inaccessible, plus un idéal lointain, mais une réalité présente. À ces moments-là, on a l'impression qu'il est possible de ne pas pécher ; ce serait même totalement impossible, tant la présence de Dieu est intensément réelle. Dieu désire que cela devienne notre quotidien, une expérience normale.

La sainteté n'est pas synonyme de bonheur. En fait, ce sont des expériences malheureuses qui peuvent parfois nous conduire vers la sainteté. Parfois, il nous châtie pour nous conduire vers la sainteté. Maladies, douleurs et déceptions ont le pouvoir d'agir en nous quand prospérité et facilité sont impuissantes, et ainsi contribuent à nous rendre saints.

7. Le salut est pour l'éternité

J'ai entendu le professeur Christian Barnard, le pionnier de la greffe du cœur, parler à la radio de sa réussite. Il a fait remarquer, avec une évidente satisfaction, que certains de ses patients avaient vécu quelques dix-huit mois supplémentaires, et qu'un autre avait même survécu pendant trois ans. Il était ravi d'avoir sauvé la vie d'une personne pour dix-huit mois ou trois ans. Mais quand Dieu sauve, il sauve pour l'éternité : tout à fait, et de façon permanente. Et cela doit inclure la sainteté : « Vous serez parfaits comme mon Père céleste est parfait » Dieu n'a jamais rien fait à moitié. Le salut est pour toujours, ou ce n'est pas le salut du tout.

Je voudrais faire deux observations supplémentaires au sujet du salut. La première c'est que c'est un processus, pas une crise. Le salut est continu, et le processus n'est pas encore terminé en aucun d'entre nous. Si on me demande, « Êtes-vous sauvé ? », la vraie réponse est : « Je suis en train d'être sauvé », le processus du salut agit en moi. La question importante c'est, où en suis-je dans ce processus ? Est-ce que je progresse, ou est-ce que je régresse ?

L'autre commentaire c'est que le salut, même s'il est un processus, n'est pas mécanique. Rien à voir avec la production à la chaîne. Le salut est personnel, car il s'agit d'une Personne. Il implique la reconnaissance du péché, la repentance, la grâce, la foi, l'assurance, la sainteté, et il dure à jamais. Mais tout converge vers une Personne, et sans lui plus rien n'a de sens. Le salut, en un mot, c'est Jésus.

Chapitre Neuf

COMMENT PEUT-ON DEVENIR CHRÉTIEN ?

Pendant les années 1970, la plupart des villes en Grande-Bretagne se sont familiarisées avec l'idée de la conversion. Ma femme et moi nous sommes « convertis » il y a plusieurs années. Voici comment.

Depuis quelque temps, notre ville était recouverte d'affiches demandant, « Avez-vous déj été convertis ? » Puis un tract a été glissé sous notre porte. Il y était question d'un changement radical et important qui affecterait profondément notre mode de vie, et il nous avertissait de ce qui nous menaçait si nous n'étions pas convertis. Ensuite, un homme est venu en parler avec nous, et quelques jours plus tard, nous étions convertis. Comme il l'avait promis, cela a eu un impact durable. Depuis, nous cuisinons au gaz naturel plutôt qu'avec l'autre sorte de gaz produit à partir du charbon.

Il se trouve que le secteur du gaz avait employé le mot « conversion » à juste titre, et lorsque les chrétiens l'utilisent dans son sens spirituel, le processus est presque identique. La conversion (au gaz naturel ou à Christ) ne change rien à l'apparence extérieure – même cuisinière, même flammes ; même nez en trompette, cheveux blonds et ainsi de suite. Mais dans les deux cas il y a quelque chose de nouveau à l'intérieur. Quelque chose a été enlevé et jeté, pour être remplacé par quelque chose de radicalement différent et essentiel. Dans les deux cas, on est en présence d'une nouvelle puissance. Le gaz naturel dégage plus de chaleur que le gaz manufacturé, et dans le domaine spirituel il ne fait pas de doute que la conversion conduit à une pratique plus « chaleureuse » de sa religion.

Mais qu'est-ce que la conversion – la conversion religieuse ? Dans son sens le plus courant c'est le fait qu'une personne change de religion (passe de l'islam au christianisme, par exemple) ou même de confession (de catholique devient protestant, ou vice versa). Donc, on pourrait être tenté de penser que si l'on reste dans la même confession toute sa vie, la conversion est superflue.

Mais, d'après Jésus, la conversion est absolument vitale pour tout le monde. « Si vous n'êtes nés de nouveau... vous ne verrez pas le royaume des cieux ». Alors, évidemment, c'est un processus qu'il importe de comprendre. Nous allons l'envisager sous deux angles ou perspectives : l'aspect divin – ce que Dieu fait ; et humain – ce que l'homme fait.

L'aspect divin de la conversion
Beaucoup de gens disent qu'ils ont été convertis par Billy Graham, mais l'évangéliste lui-même rejette toujours une telle déclaration. « Billy Graham n'a jamais converti personne, dit-il. Seul Dieu le peut ».

Il y a certainement une part de vérité. Je n'étais pas en mesure de convertir ma chaudière au gaz naturel. Ça me dépassait totalement. Tout comme me convertir moi-même au sens spirituel dépasse mes compétences. Seuls ceux qui ont essayé de se convertir eux-mêmes savent que c'est radicalement impossible. Après tout, pour satisfaire aux normes de Dieu, nous devons être saints : absolument parfaits, absolument saints. Se convertir à cette norme semble difficile et, dans la pratique, s'avère impossible.

Martin Luther a désespérément tenté de se convertir, en soumettant son corps aux pires indignités, se privant même de nourriture et de repos, dans l'espoir sincère et déterminé de satisfaire enfin aux normes de Dieu. Il a échoué lamentablement.

Ce que lui-même comme tant d'autres au fil des siècles ont finalement compris c'est qu'ils n'avaient pas besoin d'un nouveau départ dans la vie, mais de commencer une nouvelle vie. Après tout, il faut bien un Créateur pour créer une vie nouvelle. Et c'est ce miracle que Jésus décrit de façon si vivante en parlant de « naître de nouveau ». C'est la réponse de Dieu à la prière du Roi David, qui priait après avoir tant péché et déçu Dieu : « O Dieu ! Crée en moi un cœur pur, Renouvelle en moi un esprit bien disposé » (Ps 51 :12). La conversion comporte un double aspect : un nouvel « intérieur » dans un ancien « extérieur » et une nouvelle source d'énergie.

Et sans ce changement, sans conversion, selon les paroles de Jésus, nous ne verrons jamais le royaume de Dieu. Nous avons besoin d'être convertis, dit-il, et de « devenir comme des petits enfants ». En d'autres termes, nous avons besoin de commencer une vie nouvelle, mais cette fois avec une puissance nouvelle et un nouveau principe en nous.

C'est ce que Nicodème avait à apprendre. Ce chef juif si remarquable vint auprès de Jésus en cachette, la nuit, pour s'enquérir de son enseignement, et il s'est entendu ordonner, assez brusquement, « Vous devez naître de nouveau ». Il serait toujours insuffisant pour le respectable et pieux Nicodème de suivre seulement un nouveau code de doctrine ou d'éthique. Lui, comme nous tous, avait besoin de recevoir une nouvelle nature. Il avait besoin d'être converti.

L'aspect humain de la conversion
Alors, comment survient la conversion ? S'il s'agit d'un acte divin, ne nous suffit-il pas d'attendre pour cela d'être touché par la grâce comme d'autres sont frappés par la foudre ? Ou est-ce, comme certains le suggèrent, rien qu'une question de tempérament ? Certains d'entre nous sont-ils « nés une fois » et d'autres « nés deux fois », parce que c'est leur tempérament ? Y a-t-il un élément humain dans ce processus ?

Effectivement. En fait, en un sens, il est faux de dire que « Dieu seul » peut convertir quelqu'un. Le Nouveau Testament évoque bien des *hommes* « qui convertissaient les pécheurs de leur mauvaise conduite ». Il y est même question de pécheurs qui *se* convertissent. Jésus dit à Pierre que quand il se serait converti (c'est la traduction littérale), il devrait édifier ses frères. Étonnamment, pas une fois le Seigneur est le sujet du verbe « convertir » !

Le côté humain de la conversion est un peu plus complexe qu'on imagine. Il comporte au moins cinq éléments.

1. La repentance du péché
Cet aspect de la conversion, et le prochain, ont été traités dans le chapitre précédent, alors peut-on peut-être ici se contenter de dire que se tourner vers Dieu (c'est le sens de la conversion) implique se détourner du péché. Nous nous détournons de l'ancienne vie, avec tout ce que cela implique, et l'on se tourne vers la vie nouvelle donnée par Christ.

Pas de demi-mesure en la matière. Cela implique la volonté de se débarrasser de tout mal, même si l'on y tient, et même de certaines choses neutres (comme certaines relations et activités ou certains loisirs) qui, inoffensifs en tant que tels, se sont mis en travers de Dieu et nous. Dans ce domaine, il n'y a pas de règles rigides et inflexibles, si ce n'est ce simple test : ceci fait-il si intégralement partie de mon ancienne vie que je ne peux pas le garder et me tourner complètement vers Dieu ? La repentance c'est simplement la volonté de se laisser retourner, sans condition.

2. La foi en Jésus
Ceci, comme nous l'avons déjà vu, implique une totale confiance en la compétence du Christ de faire ce qu'il a promis. Dans sa vie, sa mort et sa résurrection, il a totalement vaincu le mal. La « foi », c'est croire qu'il peut réitérer cette victoire en moi, créer en moi un cœur pur et un nouvel esprit dans la droiture.

3. Baptême d'eau
Le baptême fait partie du processus de conversion, mais on considère souvent, à tort, qu'il est distinct de lui. Or, ce n'est pas quelque chose de plus, rajouté plus tard, mais il fait partie

intégrante du processus unique de l'initiation chrétienne.

Si le baptême et la conversion sont deux choses séparées et distinctes, un certain nombre de déclarations dans le Nouveau Testament deviennent totalement inexplicables :

« Celui qui croira et sera baptisé sera sauvé » (Marc 16:14).

« Si l'on ne naît pas d'eau et d'Esprit, on ne peut pas entrer dans le Royaume des cieux » (Jean 3:5).

« Repentez-vous et soyez baptisés... pour le pardon de vos péchés » (Actes 2:38).

« Lève-toi et sois baptisé, pour te laver de tes péchés » (Actes 22:16).

« Le Christ a aimé l'Église... l'ayant purifiée par le baptême d'eau avec la parole » (Ephésiens 6:25 f).

« Dieu, notre Sauveur nous a sauvés... ...par le baptême de la régénération et le renouvellement dans le Saint-Esprit » (Tite 3:04 f)

« Le baptême vous sauve... » (1 Pierre 3:21).

Ce sont des déclarations fortes, qui expriment que le baptême joue un rôle important. En effet, prises littéralement, elles semblent impliquer que ce rite possède presque un pouvoir magique, comme si baptiser quelqu'un serait faire de lui un chrétien. Or, il serait erroné d'adopter un point de vue de toute évidence aussi extrême que trompeur. Tous les « difficultés » suscitées par ces versets disparaissent dès lors qu'on considère le baptême comme l'un des éléments de la conversion. Une fois chassée l'idée qu'on est d'abord converti puis baptisé, on voit comment les deux mots peuvent s'employer à bon escient pour décrire le même événement. Le baptême fait partie (c'est même ce qui en est le signe le plus visible et évident) de la conversion, et fait donc partie de l'initiation chrétienne.

Soit dit en passant, si quelqu'un est converti mais pas baptisé, on est légitimé à penser que le processus de conversion est incomplet. Le baptême, dans ce cas, complète la conversion complète.

Fondamentalement, le baptême c'est premièrement un enterrement et ensuite un bain. Il s'agit de se défaire de l'ancienne vie, « ensevelis avec le Christ dans le baptême », et de repartir à neuf avec la nouvelle, en sortant de l'eau pour entrer dans la nouvelle vie de ressuscité. Rien ne pouvait représenter de façon plus réaliste ce qu'est la conversion.

4. Remplis du Saint-Esprit

Tournons-nous maintenant vers l'élément de puissance dans la conversion. Le principe en cause ici est assez semblable à celui qu'on trouve dans le baptême, et l'erreur la plus commune à ce sujet est la même : on croit à tort que la conversion et « être rempli de l'Esprit » sont deux choses totalement distinctes. En effet, comme beaucoup de jeunes chrétiens, je croyais depuis de nombreuses années qu'être rempli de l'Esprit était un objectif à long terme que seuls les croyants avertis pouvaient se fixer – avec le risque de ne jamais l'atteindre – après des années passées à vider ma vie de mon ego et de mon péché. Ce fut un choc : j'ai découvert que ce n'est pas du tout ce qu'enseigne la Bible : être rempli de l'Esprit, comme dans le cas du baptême, fait partie intégrante du processus de conversion.

Si nous prenons les références à être rempli de l'Esprit-Saint dans les Actes des Apôtres, nous allons voir émerger un modèle cohérent. Dans Actes, chapitre 2, les apôtres ne furent pas les seuls le jour de la Pentecôte à être remplis de l'Esprit. Il est vrai qu'ils « reçurent » le Saint-Esprit comme l'expérience culminante de leur vie de disciple. Ils avaient passé quasiment trois ans avec Jésus, à absorber son enseignement et observer ses miracles, alors peut-être qu'eux ont pu y voir ce jour-là la réalisation d'un objectif longtemps recherché. Mais ce jour-là même Pierre, qui était lui-même maintenant rempli de l'Esprit, promit justement que la même expérience attendait tous ceux qui avaient entendu ses paroles, les avaient crues et avaient été baptisés. « La promesse est pour vous, pour vos enfants, et pour le plus grand nombre qui sera appelé par le Seigneur votre Dieu... » La puissance du Saint-Esprit est offerte dans le cadre de la conversion, ce n'est pas un objectif à atteindre à une lointaine date ultérieure.

Puis, en Actes 8 est évoquée la mission de Philippe en Samarie, où de grandes foules crurent et furent baptisées. Mais elles ne « reçurent » pas le Saint-Esprit. Loin d'être considérée comme une situation normale ou acceptable, cette lacune a été traitée comme une question d'extrême urgence. Pierre et Jean descendirent à Samarie pour imposer leurs mains sur ces nouveaux croyants afin qu'ils puissent, eux aussi, être remplis de l'Esprit-Saint. Il est clair que tant que cela n'était pas fait, on les considérait comme en partie seulement convertis.

Lorsque Saul de Tarse fut converti (Actes 9:17), il reçut l'Esprit-Saint dans le contexte de son expérience de conversion. Le centurion romain Corneille et ses amis (Actes 10:44) reçurent le Saint-Esprit avant d'être baptisés, de sorte que Pierre a pu demander : « Qui peut interdire le baptême à ces païens, vu qu'ils ont eu la même expérience que nous ? » Dans ce cas, c'est le baptême qui « complétait » la conversion.

Puis, en Actes 19, nous avons le cas remarquable des disciples d'Ephèse. Parmi les cinq éléments de conversion suggérés plus haut, ces disciples n'en avaient connu qu'un – la repentance au travers du ministère de Jean le Baptiste. Ils n'avaient pas totalement cru en Jésus, ils n'avaient pas eu le baptême chrétien, ils n'avaient pas été remplis de l'Esprit, et n'étaient pas devenus membres d'une église. Paul les a conduits à la foi en Celui vers qui Jean-Baptiste tournait ses regards, il les baptisa au nom du Seigneur Jésus, puis il leur imposa les mains et ils reçurent l'Esprit-Saint, parlèrent en langues et ils prophétisaient. Notez que cette expérience était manifestée de diverses manières, mais que la personne qui avait été remplie débordait généralement par la bouche !

Voilà quel est le spectre complet de la conversion, et jusqu'à ce que tous ces éléments soient présents, nul ne peut se prétendre vraiment converti. Certes, recevoir le don du Saint-Esprit est un élément vital de la conversion à Christ. Il baptise dans l'Esprit, il remplit de l'Esprit et il répand l'Esprit. La négligence de cet élément de la conversion pourrait expliquer la présence dans les églises de si nombreux chrétiens inefficaces. Ils n'ont pas reçu la « puissance ».

5. L'adhésion à *une église*
Le cinquième élément de conversion risque de paraître des plus controversé à certains lecteurs – devenir membres d'une église locale. Certains « pigistes » chrétiens errent d'église en église, familiers de beaucoup d'entre elles, mais réellement engagés dans aucune. À l'autre extrême se trouvent ceux qui prétendent qu'il est possible (et même préférable) de croire en Christ sans « aller à l'église ». Les deux attitudes révèlent une méconnaissance du dessein de Dieu pour sauver les hommes et les femmes.

Son but, dès le début, fut de faire un corps – non pas plusieurs corps – pour le glorifier à jamais, et nous délivrer de l'individualisme (qui est une forme d'égocentrisme) pour former une communauté. Ce « corps » n'est pas simplement un concept. Il s'exprime sur terre dans les églises locales. Paul, écrivant à « l'Église de Dieu qui est à Corinthe », leur a assuré : « Vous êtes le corps du Christ (N.B. : pas une partie de celui-ci) et êtes individuellement des membres de ce corps ». Le Nouveau Testament ne sait rien des chrétiens qui sont, ou en tout cas resteront, impénitents, non baptisés, pas épanouis, ou absents de leur église.... Cela entraîne tout simplement que tous ceux qui croient en Christ sont intégrés dans l'église locale sous l'autorité de chefs locaux.

Le jour de la Pentecôte, la conversion de trois mille personnes a été décrite dans le Nouveau Testament en ces termes : « Ceux qui ont reçu la parole furent baptisés, et ce jour-là environ 3.000 âmes ont été ajoutées ». Mais pourquoi « *ajoutées* » ? Ajoutées à quoi ? La réponse ne peut qu'être : ajoutées à l'Église de Jérusalem. Les phrases suivantes portent sur la suite des opérations : ces nouveaux membres d'église « se sont consacrés à l'enseignement des apôtres et à la communion fraternelle, à la fraction du pain et aux prières ». C'est immédiatement, dans le cadre de leur conversion, qu'ils sont devenus membres de l'Église et ont commencé à s'engager dans diverses activités religieuses.

La repentance et la foi sont les fondamentaux de la conversion, mais on ne saurait prétendre qu'elles soient suffisantes pour nous sauver si nous étions en train de mourir ! Si la conversion implique de se lancer dans une nouvelle *vie*, alors les trois autres éléments ne sont pas des « plus » optionnels, mais s'avèrent absolument essentiels. « Nous sommes baptisés dans un seul Esprit en un seul corps », dit Paul aux Corinthiens. Le baptême dans l'Esprit et le corps de l'Église sont tous les deux vitaux pour la vie chrétienne.

Laisser le corps, l'Église, de côté, c'est omettre l'aspect social et laisser entendre que la conversion est une affaire très personnelle, privée. En fait, nous sommes convertis à l'Église en même temps qu'au Christ. Nous ne pouvons pas séparer la tête du corps. Et ce corps n'est pas une vague ruine désorganisée. En vertu de son Chef, le Christ, c'est un corps structuré, discipliné, dont les dirigeants sont nommés et légitimés par Christ lui-même. Vous les chrétiens devez « obéir à vos chefs et vous soumettre à eux » (Hébreux 13:17).

Donc, la question importante n'est pas, « Avez-vous été converti ? », Mais « Avez-vous été *pleinement* converti ? Ces cinq éléments sont-ils tous présents dans votre conversion ? Ils vont ensemble – et ce que Dieu a uni, l'homme ne peut le séparer ! Aucun n'est en option, et aucun n'est censé représenter une « deuxième bénédiction » à recevoir, peut-être plus tard. Beaucoup de problèmes dans la vie chrétienne, nombre de doutes et déceptions inutiles, peuvent s'expliquer par une attitude qui considère que l'un ou l'autre de ces éléments sont séparés du reste, ou suffisant à lui seul. C'est précisément l'expérience totale, entière, qui seule peut s'appeler conversion.[1]

---

[1] Je traite du sujet de la conversion dans *La Naissance chrétienne normale* (Hodder and Stoughton, 1989). Les lecteurs peuvent s'y référer pour avoir des éclaircissements sur les quatre principaux éléments de l'initiation chrétienne.

Chapitre Dix

ET LE SAINT-ESPRIT DANS TOUT ÇA ?

Cela fait près d'un demi-siècle que je suis dans le ministère. J'ai donc été témoin de beaucoup, beaucoup de changements dans la vie de l'Église, la grande majorité d'entre eux pour le meilleur. Mais le plus grand changement de tous, et celui qui me rend le plus optimiste et enthousiaste quant aux perspectives qui s'offrent à nous, c'est que l'Église commence de nouveau à reconnaître que la Divinité se compose de trois personnes, et non de deux.

Bien sûr, je sais que l'Église a toujours officiellement statué que notre Dieu est en trois personnes – Père, Fils et Esprit. Mais dans la pratique on n'en connaissait que deux. Le Saint-Esprit était devenu le « parent pauvre » de la Trinité. Nous avons cru qu'il y avait effectivement un Saint-Esprit, mais sans vraiment croire en Lui. Cela est évident dans notre vocabulaire, dans notre culte et nos prières, nos hymnes et nos prédications. Comme d'autres pasteurs, je me fendais à la Pentecôte d'un sermon sur le Saint-Esprit, car j'étais bien sûr de ne pas avoir à récidiver avant son prochain anniversaire ! Dans la pratique, les catholiques romains croyaient aux Père, au Fils et à la Sainte Vierge, et les protestants au Père, au Fils et à la Sainte Bible. Mais de fait, le Saint-Esprit, comme être vivant, dynamique, avait du mal à figurer en bonne place dans la vie de l'Église.

Maintenant cela a changé. En effet, la situation s'est presque entièrement inversée. Notre relation avec le Saint-Esprit est devenue consciente, plutôt qu'inconsciente ; directe, plutôt qu'indirecte ; dynamique plutôt que doctrinale, et affaire d'intuition plutôt que d'inférence intellectuelle. Il y est constamment fait référence, et on ne cesse de discuter et débattre à son propos, et un grand nombre de livres sont régulièrement publiés sur lui.

D'aucuns ont prétendu que, si l'Église tournait son attention vers l'Esprit-Saint, Jésus-Christ serait négligé. En l'occurrence, cette prophétie ne s'est pas réalisée. En effet, cette période d'intérêt renouvelé pour l'Esprit-Saint a également connu une croissance marquée de celui en faveur de Jésus, non seulement dans l'Église, mais à l'extérieur aussi. Il n'est pas surprenant de constater que les personnes de la Trinité ne sont pas en « concurrence » entre elles. Magnifier l'un des membres c'est magnifier la Divinité tout entière.

Toutefois, ce nouvel accent mis sur le Saint-Esprit n'est pas sans soulever des problèmes. Des perturbations, voire des divisions, sont apparues au sein de l'Église. Beaucoup proviennent de malentendus et d'idées fausses au sujet de l'Esprit-Saint, qui eux-mêmes découlent d'une étrange méfiance à l'égard de l'enseignement autour de sa personne et son ministère.

Cette méfiance est partagée par deux sortes, très différentes, de personnes. Certaines ont peur, se méfient de toute nouveauté dans l'Église – et surtout dès qu'il est question d'émotions ou de changement dans la routine – et ont besoin de recevoir un enseignement au sujet du Saint-Esprit, mais elles résistent parce qu'elles craignent d'être entraînées dans de fâcheuses expériences.

D'autres accueillent favorablement ces expériences, mais résistent aussi à l'enseignement, parce qu'elles redoutent qu'il vienne s'interposer entre les expériences qu'ils ont déjà vécues. Dans ce cas, sans un enseignement précis, elles risquent de tomber dans le fanatisme, et les autres de dériver dans un conservatisme figé et glacial.

Or, Dieu veut des fidèles au cœur chaleureux et à l'intelligence enflammée, des gens qui sentent autant qu'ils pensent, qui vivent des expériences et soient capables d'avoir le recul intellectuel nécessaire. Ce n'est pas un Dieu de désordre et de confusion.

Donc, dans ce chapitre, je veux analyser les aspects doctrinaux du Saint-Esprit – qui il est, et ce qu'il fait. Puis dans le chapitre suivant, nous considèrerons les autres aspects le concernant, et en particulier son rôle dans la vie des croyants.

1. Qui est-Il ?
a. Sa personnalité

On raconte l'histoire d'une petite fille, ébahie de voir le vicaire entrer dans l'église revêtu de son surplis blanc et brillant. « Est-ce que c'est le Saint-Esprit ? » chuchota-t-elle à sa mère.

Il se trouve qu'elle n'avait tort qu'à un tiers. Elle s'attendait à ce que l'Esprit-Saint soit une personne : et elle s'attendait à voir cette personne dans à l'Église. Elle ne se trompait que sur un point : le vicaire n'était pas le Saint-Esprit.

Mais combien de chrétiens pratiquants donneraient-ils les bonnes réponses quant aux deux autres points ? Beaucoup parlent de l'Esprit-Saint comme s'il était une « chose », une force flottant dans l'air ou une atmosphère. Et rares sont ceux qui s'attendent sérieusement à le rencontrer à l'église.

En fait, son titre – « l'Esprit-Saint » – nous dit exactement ce que nous avons besoin de savoir sur sa personne. Par exemple, dans le texte original, l'article « le » n'est pas un neutre, ce qui exclut qu'il soit une force impersonnelle ou une simple influence. Il n'est pas un esprit de bonne volonté, de charité ou de bonté. Il est l'Esprit de Dieu. Tout ce qu'on lit sur lui dans la Bible montre qu'il a une personnalité. Tous les actes qu'il accomplit sont personnels : il parle, recherche, crie, prie, enseigne, interdit, etc... Et tout ce qui lui est fait ne peut l'être qu'à une personne, pas à une chose : on peut l'affliger, lui mentir, lui résister, le blasphémer. Tous ces verbes suggèrent une personnalité.

Mais l'enseignement le plus clair sur la personnalité de l'Esprit-Saint est reçu, encore, de la bouche de notre Seigneur, la nuit avant sa mort, recueilli en Jean, chapitres quatorze à seize dans l'Évangile. C'est là qu'il explique que, si lui, Jésus, s'en va, ses disciples ne resteront pas orphelins. Quelqu'un d'autre a été envoyé pour le remplacer, quelqu'un comme lui, qui saura non seulement faire tout ce que Jésus faisait pour eux, mais encore plus. Et ce quelqu'un d'autre c'était le Saint-Esprit.

Lorsque Jésus a dit qu'un « autre » viendrait, le mot grec utilisé signifie « semblable », plutôt que l'autre mot – pourtant disponible – qui signifie « autre, mais différent ». Le Saint-Esprit est une Personne, comme Jésus. Quand Jésus s'en est allé, il a envoyé une autre personne pour le remplacer et habiter dans le croyant.

Je regrette qu'un mot comme « Consolateur » ait parfois servi dans maintes traductions de la Bible pour désigner l'Esprit-Saint. Le confort est bien ce que beaucoup veulent trouver dans la religion, mais le confort (dans son sens premier) est la dernière chose à laquelle nous devrions attendre de l'Esprit-Saint. Il est un Esprit en mouvement, un perturbateur, il change les personnes et les circonstances.

Dire qu'il est une « Puissance » n'est qu'un euphémisme. L'électricité est une « force », et quand vous l'avez fait installer à votre domicile, cette force s'est mise à votre disposition. Mais pendant que vous utilisez cette force, c'est vous qui avez le contrôle. En effet, vous pouvez le manipuler comme il vous plaît.

Mais quand le Saint-Esprit est « installé » dans votre vie, il est certes vrai qu'il représente une nouvelle source de puissance, mais ce n'est pas vous qui le contrôlez, comme l'électricité. Il ne peut pas être manipulé, allumé et éteint. Vous ne pouvez pas plus le diriger que le sens du vent !

Sa présence s'assimile plutôt à celle d'un invité dans la maison. Il influence nos relations. Ses opinions et attitudes doivent être prises en compte lors de la prise de décisions familiales. Il change les gens et les situations, *tout simplement parce qu'il est lui aussi une Personne.*

b. Sa pureté

Il y existe beaucoup d'« esprits » impies dans le monde d'aujourd'hui, et, tragiquement, bien des gens tombent sous leur contrôle et non l'inverse. L'alcool est un exemple. « Ne vous enivrez pas de vin ... mais soyez remplis de l'Esprit », écrivait Paul aux Ephésiens. En d'autres termes, rejetez un esprit impur, et recevez le Saint-Esprit. En effet, on peut voir une sorte de similitude entre ces deux cas, parce que dans les deux, la personne concernée est « prise en charge » par l'Esprit. C'est l'Esprit qui parle (pensez à ce qu'il dit sur « le vin qui parle ») et donne ses ordres à un esclave volontaire. En fait, le jour de la Pentecôte, la première réaction des badauds fut de supposer que les disciples étaient ivres de vin. Mais cette similitude était superficielle. La motivation de cette puissance est différente – aussi différente qu'un Esprit-Saint et un esprit impur.

L'*hystérie* est un autre esprit impur. Les gens sont « manipulés » à tel point qu'ils perdent leur esprit rationnel et prennent des décisions absurdes. Les films montrés par Hitler pendant les grands rassemblements à Munich quelques mois avant la guerre et ailleurs sont effrayants : ils apportent la démonstration qu'un orateur peut commencer par chauffer son auditoire jusqu'à l'hystérie, puis contrôler leurs réponses comme un marionnettiste.

De même, voir à la télévision des adolescentes qui pleurent ou poussent des cris hystériques dès qu'elles voient leur pop star préférée, même de loin, est très inquiétant. Elles aussi, ont renoncé à leur raison.

La *folie* est un autre esprit impur, et je dois sans hésiter inclure la folie religieuse dans cette catégorie. Festus a accusé Paul d'être un maniaque religieux (Actes 26:24), mais bien sûr, l'apôtre n'était pas de ce genre.

La folie est irrationnelle. Elle s'empare d'une personne, jusqu'à lui faire perdre tout contrôle de ses réactions. L'esprit de folie (être dérangé, fou) est impur. L'Esprit de Dieu c'est la santé mentale, la plénitude et la lumière.

Le plus meurtrier de tous les esprits impurs, c'est l'esprit de *possession*, parce qu'il est directement démoniaque. De plus en plus, ces dernières années, nous avons rencontré des gens qui, souvent parce qu'ils ont voulu tripoter des pratiques occultes, ont sombré sous le pouvoir d'esprits maléfiques. Ce genre d'expérience n'apporte rien d'autre que le malheur. Et seul l'Esprit-Saint peut chasser les ténèbres des esprits impurs.

Mais quand l'Esprit de Dieu prend possession de quelqu'un, tout devient différent. Le souffle du Saint-Esprit est pur. Parfois, le changement est immédiatement apparent ; au final, on constate toujours sa présence dans les fruits qui mûrissent en sa présence : l'amour, la joie et la paix. Il brûle ce qui souille et pollue. Il insuffle le vent de Dieu dans nos vies. Il apporte la sainteté, car « saint » est son titre – c'est ainsi qu'on l'appelle, plus de 90 fois dans le Nouveau Testament, mais rarement dans l'Ancien).

Très souvent, nous voulons obtenir puissance et victoire dans nos vies, mais voici la vraie question : voulons-nous vraiment la sainteté ? « Heureux ceux qui ont faim et soif de la justice », a dit Jésus. Mais la sainteté n'est pas une vertu populaire : ses normes sont trop élevées, ses exigences trop rigoureuses. Pas étonnant que le Saint-Esprit, tel qu'il se présente, ne soit pas très populaire non plus. C'est l'Esprit de sainteté par excellence.

c. Sa puissance

Le troisième mot dans le titre du Saint-Esprit parle de sa puissance : il est *Esprit*. Chaque fois que la Bible parle du Saint-Esprit, elle le présente en mouvement.

C'est un feu : flamboyant et rugissant, sans cesse en mouvement. Une flamme n'est jamais immobile.

Il est comme l'huile ruisselante : insaisissable, pénétrante et émouvante. Une fois que l'huile sort de sa bouteille, il devient presque impossible de l'attraper ou de l'arrêter.

Il est une source bouillonnante : l'eau, dans sa forme la plus mobile, jaillissant de la terre dans un interminable flux vital.

Mais l'image la plus commune de l'Esprit-Saint dans la Bible est celle d'une tempête hurlante. Le compositeur des hymnes parlera de « la douce voix que nous entendons, douce comme le souffle du paradis », mais le fait est que le mot hébreu choisi pour l'Esprit de Dieu c'est « ruach » et « ruach » signifie de l'air qui se déplace avec puissance, un « vent puissant, qui vous emporte ». Le vent de Dieu existe chez ceux qui se mettent en mouvement avec Dieu.

La puissance du vent est énorme, presque irrésistible. Il y a quelques années, j'ai vécu et travaillé dans les îles Shetland. Là-bas, le vent peut souffler à 150 km heure, assez fort pour déplacer de vieilles pierres tombales ou arracher le toit des chalets. Pour lutter contre le vent, les insulaires plantent leurs pierres tombales horizontalement, et utilisent des cordes et de grosses pierres pour sécuriser leur toit. C'est cet élément, le vent, qui représente au plus près l'activité de l'Esprit de Dieu.

Comme Jésus l'a fait remarquer à Nicodème, personne ne peut contrôler le vent, ni même dire d'où il vient et où il va. Vous ne savez jamais où l'Esprit-Saint vous emmènera. Nous sommes nés de l'Esprit, et baptisés dans l'Esprit. Son énergie invisible, incontrôlable, nous donne la vie puis nous conduit partout où il veut.

Et voilà un autre obstacle que nous dressons contre l'Esprit-Saint. Nous sommes des êtres humains et avons envie de sécurité, en particulier dans notre vie religieuse. Nous espérons vivre dans un cocon, protégés des changements et des perturbations, et on se tourne vers notre religion pour étayer cette impression de familier et de sécurité.

Mais il est impossible à ceux qui vivent « dans l'Esprit » de contracter cette assurance contre le changement. Le vent souffle et déplace des objets, et on ne sait jamais quelle direction il va prendre. Le Saint-Esprit peut-être un consolateur, mais il n'est pas très confortable ! Tout ce que nous pouvons savoir avec certitude, c'est que le meilleur endroit pour nous, c'est l'endroit où le Saint-Esprit nous emmène – et peu importe où.

2. Qu'est-ce qu'il fait ?

Le Saint-Esprit est souvent appelé l'« exécuteur ». Il est comme la personne désignée dans un testament pour mener à bien ses dispositions ; il veille à ce que nous obtenions ce que la personne disparue a voulu nous transmettre. L'héritage que nous a réservé Jésus, c'est sa paix (je vous laisse ma paix...). Le Saint-Esprit nous offre la paix de Jésus. Ce que le Père désire, le Fils le rend possible, et le Saint-Esprit le réalise.

a. Création

La création du monde en est un exemple parfait. Le Père l'a ordonné (« Que la lumière soit... »), le Fils s'est impliqué (« Sans lui, rien n'a été fait... »), mais c'est l'Esprit qui l'a fait naître (« L'Esprit de Dieu planait sur les eaux »).

En regardant ce que Dieu a fait, nous ne voyons que merveilles, ordre et beauté, et ce sont là les signes distinctifs de l'Esprit créateur. C'est un Être d'une infinie variété, toujours en action, créateur, il ne fait jamais la même chose ; pas de routine, mais il fait toutes choses nouvelles.

Nous avons besoin de cette fraîcheur de l'Esprit-Saint dans l'Église aujourd'hui. Nous avons besoin de sa créativité pour faire du nouveau, plutôt que sans cesse répéter ce qui a été réalisé à l'époque de nos grands-parents. L'Esprit-Saint se manifeste quand l'Église est créative et se met à faire du neuf d'une façon nouvelle.

b. Israël

C'est le Saint-Esprit qui a donné à Israël d'exister et lui permet de résister contre vents et marées et contre toute attente. Et sa méthode c'est de prendre des hommes et les femmes ordinaires et de les rendre extraordinaires.

Samson est souvent appelé l'homme le plus fort de la Bible, mais en réalité il était faible. Il n'avait plus aucune force en dehors de l'Esprit-Saint, et quand l'Esprit l'abandonna il perdit également sa force légendaire.

Salomon est célèbre pour sa sagesse, mais en réalité, il était insensé. C'est évident quand on voit comment il se conduisait quand Dieu lui laissait la bride sur le cou. Ce n'est que lorsque l'Esprit était sur lui qu'il pouvait faire preuve de l'immense sagesse qui l'a, à juste titre, rendu si célèbre.

Et on pourrait en dire autant de chacune des grandes figures de l'Ancien Testament : Elie, Abraham, Gédéon, David, Moïse, Amos, Jérémie. Ils n'avaient qu'une chose en commun : c'était des hommes ordinaires remplis de l'extraordinaire Esprit de Dieu. « L'Esprit du Seigneur est venu sur lui » est le signe dans la Bible que des réussites extraordinaires étaient sur le point de survenir.

c. La Bible
Le Saint-Esprit nous a donné la Bible. « Ces saints hommes de Dieu l'ont écrite, poussés par l'Esprit-Saint ». Pas un seul de ces auteurs ne savait qu'il était en train de rédiger une partie de la Bible à l'époque. Pourtant, une unité cohérente unifie l'ensemble et témoigne de la présence de l'Esprit-Saint dans chacun de ses livres. Il a repris l'esprit des auteurs, de sorte que ce qu'ils ont écrit, Dieu l'a écrit. Ainsi, sur une période de 1400 ans, quarante auteurs, écrivant dans au moins trois langues, ont rédigé sous son contrôle la révélation cohérente de Dieu. C'est pourquoi ceux qui lisent la Bible ont besoin de l'aide de l'Esprit-Saint pour l'interpréter. Après tout, il en est l'auteur, et en est donc également le meilleur interprète.

d. Christ
Chaque partie du ministère du Christ sur la terre s'est accomplie dans la puissance de l'Esprit-Saint. Jésus s'est fait homme en devenant le Fils de Marie par l'Esprit-Saint (« conçu par le Saint-Esprit »), et chaque étape de son ministère a été portée par sa force. Lors de son baptême, le Saint-Esprit est descendu sous la forme visible d'une colombe. Peu de temps après, son premier sermon s'ouvrait sur ces mots : « L'Esprit du Seigneur est sur moi ». Ses miracles furent l'œuvre de l'Esprit – « Si, par l'Esprit de Dieu, vous chassez les démons… » – et chaque phase

de sa vie, sa mort et sa résurrection, a vu se déployer l'œuvre de la troisième Personne de la Trinité.

*e. L'*Église

Le Saint-Esprit nous a donné l'Église. Après la résurrection, les disciples du Christ, l'Église embryonnaire et ses seuls représentants sur la terre, n'étaient qu'une petite troupe d'hommes qui craignaient de se faire remarquer. Il a fallu la résurrection et l'effusion de l'Esprit-Saint à la Pentecôte pour qu'ils se lèvent et partent en mission. Par la suite, tous les aspects de la vie de l'Église ont été marqués par le travail de l'Esprit – son culte, le ministère, l'évangélisation et le service qu'elle rend dans le monde.

Sans lui, une église n'est qu'un club. Elle peut lever des fonds, recruter des membres, construire des bâtiments, accomplir des rituels, mais sans le Saint-Esprit ce ne sera pas une Église.

Avec son chef, le Christ, de retour au ciel, et son Corps, l'Église, sur la terre, un substitut, ou un vicaire est nécessaire pour la guider et soutenir sa vie. Le Saint-Esprit est le vrai Vicaire du Christ. Sans lui, nous ne pourrons rien faire de valable et de durable, aussi impressionnantes que soient nos réussites apparentes.

Le professeur Carl Bates a dit : « Si Dieu décidait de retirer le Saint-Esprit de notre Église aujourd'hui, environ 95% de ce que nous faisons dans nos églises continuerait, et nous ne verrions pas la différence ». Je crains que ce soit vrai, et si c'est le cas, c'est simplement parce que les êtres humains ont essayé de faire « dans la chair » ce qui ne peut être correctement accompli que « dans l'Esprit ». Nos cultes, écoles du dimanche, répétitions de chorale, clubs des hommes et réunions de femmes doivent être jugés à l'aune de ce critère : pourraient-ils continuer sans l'Esprit-Saint ? Si oui, ce ne sont donc que des produits de l'effort humain, et non de l'Esprit divin.

Nous le négligeons trop souvent et le résultat ne se voit que trop autour de nous : nous faisons tous la même chose – aucune créativité ; pas de vie – de la torpeur ; le péché est partout –pas la sanctification.

L'Église ne peut être remplie de l'Esprit-Saint sans que chacun de ses membres soient pleins de lui. Et pour y parvenir, ils doivent chacun éprouver une véritable soif de l'Esprit, et une réelle volonté de boire de l'Esprit.

On raconte l'histoire de ce groupe de marins échoués sur un radeau de sauvetage au large du Brésil. Après quelques jours sans boire, ils étaient sur le point de mourir quand ils ont été secourus par un navire qui arriva juste à temps. Une fois en sécurité à bord, leurs sauveteurs leur ont demandé pourquoi ils avaient si soif, et ils ont répondu qu'ils n'avaient pas d'eau.

« Pas d'eau ?! Mais vous n'aviez qu'à en puiser autour de votre radeau, vous disposiez d'une quantité d'eau infinie ». En fait, ils se trouvaient dans une zone où l'eau douce du fleuve Amazone se jette droit dans l'Atlantique. Leur pénurie était illusoire. Tout ce qu'ils avaient à faire c'était boire !

Beaucoup de chrétiens sont comme eux, ils sont frappés de l'illusion d'une pénurie d'Esprit-Saint. Pourtant, il est là, partout, et il attend d'être invité et de se manifester. Quelle tragédie qu'une Église périsse ainsi alors qu'elle est immergée dans une puissance de salut !

Chapitre Onze

COMMENT ENTRETENIR LA FLAMME ?

Daddy Long Legs est un livre très populaire dans la génération précédente. Il raconte l'histoire d'une petite fille orpheline et son mystérieux bienfaiteur anonyme. Elle n'avait vu qu'une seule fois l'homme qui lui offrait cadeaux et petits luxes, et un autre jour elle ne vit que son ombre, déformé par la lumière, et qui lui parut longue, mince et arachnéenne, d'où le nom qu'elle lui avait trouvé, « Daddy Long Legs » (mon papa aux longues pattes).

Malheureusement, aussi incroyable que cela puisse paraître, c'est une image de la relation que de nombreux chrétiens ont avec le Saint-Esprit. Ils savent qu'il existe. Ils reçoivent de lui bénédictions et dons de temps à autre. Mais il reste un mystère ; un bienfaiteur anonyme, ombre avec laquelle ils n'ont aucun contact direct et personnel.

Cela s'explique du fait que l'Esprit-Saint œuvre effectivement de façon anonyme. Nous constatons les résultats, sans en connaître l'origine. Et c'est particulièrement vrai dans trois domaines.

Quand il s'agit de se sentir convaincu de péché, l'Esprit-Saint nous rend intérieurement conscient de péché, de justice et de jugement – mais bien souvent on n'aura probablement pas conscience qu'il existe, qu'il est une personne. Des gens m'ont décrit cette sensation qu'ils ont appelée « être assis sur une punaise pendant tout le culte » – tant ils étaient douloureusement conscients que ce qu'ils entendaient s'adressait personnellement à leur propres péchés et faiblesses. Manifestement ce n'était pas le travail du prédicateur. Comme souvent, cette personne lui était totalement étrangère. C'était l'œuvre du Saint-Esprit, concrétisée par un agent humain.

Cela est également vrai de la vie nouvelle du chrétien. La personne qui se repent et croit en Jésus constate des changements dans sa vie. Elle ne fait plus les mêmes choix. Ses centres d'intérêt changent, et ses motivations également.

Avant, elle se sentait embarrassée ou dérangée en compagnie de chrétiens. Maintenant, elle se sent stimulée et satisfaite de les fréquenter. La Bible, qu'elle trouvait ennuyeuse et incompréhensible, devient importante et fascinante. Tout cela est l'œuvre du Saint-Esprit, mais de manière anonyme. Le croyant peut être tout à fait ignorant de la cause de tous ces changements.

C'est aussi vrai en matière d'enseignement, ou plutôt, d'apprentissage. Les choses de Dieu sont littéralement au-delà de l'interprétation humaine ou de notre compréhension. « Qui a connu la pensée du Seigneur ? » Pourtant, le Saint-Esprit peut prendre les mots de la Bible, ou les mots d'un prédicateur et leur conférer un éclairage tel que le croyant comprend tout à coup le cœur de la question, et se dit : « J'ai compris... mais c'est bien sûr ! » L'Esprit-Saint a été son professeur... anonyme.

Il est la personne qui reste en coulisse, celle qui n'est jamais loin de la scène de notre univers. Tout ce qui se passe dans le monde concourt à accomplir la volonté de Dieu et son œuvre.

Mais qu'il se fasse si discret ne devrait pas donner prétexte à l'ignorer, ou négliger l'opportunité, le privilège, de le connaître personnellement. Je suis convaincu que le chrétien dispose de l'immense privilège de connaître les trois Personnes de la Divinité personnellement et consciemment. Et je suis également convaincu que beaucoup de chrétiens n'ont pas vécu cette expérience, et qu'ils pâtissent de ce manque.

On donne souvent la même explication pour justifier l'absence d'une expérience directe de l'Esprit-Saint dans l'Église. On prétend qu'est révolue l'époque où une telle expérience était disponible à tous est révolue. C'était bon à l'ère apostolique. Aujourd'hui, on peut connaître Jésus, mais notre expérience de l'Esprit-Saint ne sera nécessairement qu'indirecte. Je crois que ce n'est qu'une mauvaise excuse, pas une explication. C'est même une contrevérité.

Ce qui explique que l'Église néglige à ce point l'expérience de l'Esprit-Saint est à chercher beaucoup plus loin. En effet, je voudrais remonter à ce philosophe grec qui vivait avant Jésus-Christ, Aristote. Il a dit que « les seules réalités sont celles qui peuvent être observées avec nos sens et déduites de ces observations par la raison. Son rationalisme, son rejet du surnaturel, a profondément influencé l'ensemble de la pensée occidentale depuis, et il l'influence encore aujourd'hui.

Thomas d'Aquin, théologien médiéval qui a profondément influencé la théologie catholique autant que protestante au cours des 800 dernières années, traduit les principes d'Aristote en termes théologiques. Son approche rationnelle ne laisse que peu de place aux expériences surnaturelles avec l'Esprit-Saint.

Les grands Réformateurs, qui ont redécouvert tant de vérités perdues de l'Écriture – des hommes comme Luther et Calvin – sont passés à côté de lui. En effet, leur approche de la vérité était souvent aussi « rationaliste » que celle de leurs adversaires romains ! Par conséquent, notre culture occidentale s'est trouvée endoctrinée par le rationalisme. Elle exclut visions et rêves, rejette a priori le surnaturel.

Heureusement, le Saint-Esprit n'a pas été sans témoins tout au long de l'histoire. Divers groupes de chrétiens ont conservé le témoignage vivant qu'on peut connaître le Saint-Esprit en en faisant l'expérience personnellement et consciemment. Les anabaptistes, dans la période de l'immédiate après-Réforme, ont eu cette expérience. Tout comme les premiers Quakers. Et les huguenots français aussi, eux qui, selon John Wesley, parlaient en langues. Même chose pour les premiers méthodistes, au sein desquels le Saint-Esprit a accompli des signes et des prodiges au cours du grand réveil du XVIIIème siècle. Il en fut de même des divers mouvements de sainteté du XIXe siècle et du grand mouvement pentecôtiste du XXe. Tous ces groupes ont témoigné que des chrétiens ordinaires peuvent avoir un contact direct et personnel avec le Saint-Esprit.

Chaque croyant jouit de quatre privilèges au sujet du Saint-Esprit. Je crois qu'il vaut mieux éviter de forcer les gens, ou de forcer les chrétiens dans le moule d'une expérience pour laquelle ils ne sont pas encore prêts. Toutefois, ces privilèges restent les leurs, c'est un droit que tout chrétien acquiert à sa (nouvelle) naissance.

1. Une introduction personnelle

Le premier de ces privilèges vient d'être évoqué : le droit de chaque croyant à entrer dans une relation consciente avec chaque personne de la Trinité, Père, Fils et Esprit-Saint. L'expérience est complète quand le chrétien s'est repenti envers Dieu, croit en Jésus et « reçoit » le Saint-Esprit. Ces trois étapes de l'initiation chrétienne sont clairement énoncées dans le Nouveau Testament. Les chrétiens ont été présentés à ces trois personnes, et chaque fois que leur expérience du Saint-Esprit ne s'est pas faite – et au moins cinq fois dans le Nouveau Testament il est fait mention de gens qui n'ont pas « reçu » le Saint-Esprit, des mesures ont été prises pour y remédier.

Mais plus récemment, on a tendance à penser que la deuxième et la troisième expérience n'en font qu'une. Nous avons assimilé la réception du Saint-Esprit avec « recevoir » Jésus, mais il est clair que ces deux expériences ne sont pas les mêmes. Le Nouveau Testament nous appelle à croire en Jésus et à recevoir le Saint-Esprit. Les seules références à « recevoir » Jésus se trouvent dans Jean 1:12, et Colossiens 2:6. Le premier fait clairement référence à un fait historique : « Il est venu vers les siens (les Juifs) et les siens ne l'ont pas reçu. Mais un grand nombre (de Juifs) l'ont accueilli, et il leur a donné le droit de devenir fils de Dieu ». Il ne fait aucun doute ici que cela fait référence à Jésus *dans la chair*, au Jésus dans la Judée du premier siècle. Il était alors possible de littéralement le « recevoir », de lui laisser franchir le seuil de votre maison, par exemple. Les prédicateurs apostoliques des évangiles n'ont jamais invité les gens à « recevoir » Jésus ou à « l'inviter ». Colossiens 2:6 est adressé aux chrétiens (et le mot grec traduit par « reçu » est un composé qui signifie à la fois « recevoir un enseignement » et « être présenté à ». Apocalypse 3:20 est également adressée aux croyants déjà dans l'Église.

À toutes les autres occasions où il est dit que Dieu entre dans la vie du croyant, c'est dans la personne du Saint-Esprit. Différents verbes décrivent cette expérience : il vient sur, tombe sur, est répandu sur ; les croyants sont remplis de, baptisés en, oints ou scellés par l'Esprit-Saint. Les expériences peuvent varier énormément, mais toutes représentent une expérience directe, consciente, et personnelle de l'Esprit-Saint.

Billy Graham a dit : « Le temps est venu de donner au Saint-Esprit la place qui lui revient. Nous avons besoin d'apprendre ce que signifie être baptisés dans l'Esprit-Saint ».

Si l'on apprend à le faire, ce sera une expérience extraordinaire. Un pasteur méthodiste m'a écrit pour me dire que, pour lui, être baptisé dans l'Esprit-Saint c'était comme « prendre un bain d'amour en Jésus ». Cette expression semble audacieuse mais ce n'est pas une mauvaise comparaison avec ce qui se passe quand on est « baptisé dans l'Esprit ». Le psychiatre américain Morton Kelsey a proposé une description plus précise de l'expérience : il écrit que, « lors de cette expérience, « l'individu dont l'ego est intact est immergé dans l'inconscient et il émerge nettoyé et restauré de son immersion ».

Quelle que soit la forme qu'on lui donne, cette présentation personnelle à l'Esprit-Saint est le privilège de tout homme qui croit en Jésus.

2. La capacité spirituelle

Quand nous venons à Christ, nous arrivons avec toutes nos aptitudes et capacités naturelles et nous les lui offrons. Il peut en utiliser une partie, mais pas les autres. Ce qui est certain, c'est que si Christ utilise un de nos dons il doit d'abord être « oint » par le Saint-Esprit – et cette « goutte d'huile » fait toute la différence.

Sans elle, quoi que nous fassions jouera en faveur de notre propre gloire. Mais quand nos dons sont oints par le Saint-Esprit, ils sont à la gloire de Dieu.

Toutefois, cela étant dit, nous n'en avons pas, comme certains le supposent à tort, fini avec les aptitudes et dons personnels. Après tout, peu d'entre nous sont très doués par la nature. La famille de Dieu n'est pas plus douée que le reste de la race humaine. Il est vrai que la plupart des églises sont dirigées par ceux qui possèdent des dons et aptitudes naturels – en musique, en administration, ou en habileté manuelle – et les mettent au service de Christ. Or, notre concept de « dons » serait bien limité si nous nous arrêtions là. Et l'Église serait bien appauvrie, elle aussi. En effet, un autre des privilèges du croyant c'est de recevoir des dons surnaturels de la part de l'Esprit-Saint.

Il est le grand Donateur. Lui-même est un cadeau (c'est en fait, *le* don de Dieu par excellence), et l'une de ses principales fonctions est d'accorder des dons, d'offrir des cadeaux, aux enfants de Dieu. Pour la plupart, ces cadeaux sont donnés au profit des autres, ce qui ne veut pas dire que ce ne sont pas des cadeaux pour nous-mêmes.

Dans sa première lettre de Paul aux Corinthiens (chapitre douze), il énumère quelques-uns de ces dons. Beaucoup, sinon la plupart d'entre eux, se situeront bien au-delà de l'expérience précédente du destinataire. Ce ne sont pas des dons naturels améliorés, mais les dons surnaturels librement transmis aux croyants.

Ces dons, régulièrement utilisés et développés deviennent des ministères. Enseigner régulièrement produit des enseignants. Développer et mettre en action les prophéties produit des prophètes. C'est ainsi que ça marche, pas dans l'autre sens. Le don crée la fonction, pas l'inverse : la fonction n'a jamais créé le don.

La plupart de ces dons ont un rapport avec le don naturel de la parole. Cela est particulièrement vrai du parler en langues et de la prophétie.

Le parler en langues – c'est ainsi qu'on appelle en général ce don – est à bien des égards le don que reçoivent les débutants. Il apporte une aide précieuse au moment le plus opportun, pour la louange et la prière, où le novice se sent souvent sans voix et hésitant. Ce n'est pas le plus grand don, mais n'est pas non plus, comme certains semblent le suggérer, une sorte de babillage hystérique. Après tout, ce mot peu reluisant, « les langues », signifie simplement « les langages », et ce don permet de parler dans une nouvelle langue. Dieu en a fait cadeau à l'Église naissante. Paul l'a utilisé autant que n'importe qui et lui a donné son approbation. Sa valeur particulière c'est peut-être qu'il n'est pas rationnel. Il va absolument à rebrousse-poil de l'esprit de notre époque. Il met l'accent sur le surnaturel et, pour le nouveau converti, sépare l'esprit de la bouche, le libérant ainsi d'une expérience uniquement cérébrale ou « rationnelle » de la vie chrétienne.

La prophétie est un don plus avancé. Il ne sert pas à inspirer la prédication, même si, comme la prédication, ce don sert à aider les autres. La prophétie c'est proférer un message dans votre propre langue, directement inspiré par l'Esprit-Saint. Le « prophète » est tout simplement un messager. Il a quelque chose à transmettre, exactement comme cela lui a été donné. Et souvent le messager est celui qui n'est pas, et ne pourra sans doute jamais être, un prédicateur.

Ces dons de la parole jouent un rôle important. Notre Dieu est un Dieu qui parle. Les mots sont au cœur même du christianisme. Mais plus que cela : la bouche est un organe si puissant qu'il peut créer ou détruire. Jacques nous dit dans sa Lettre comment elle est capable d'allumer les flammes de l'enfer. Pourtant, cette même faculté de la parole, rachetée et ointe, peut être un moyen de bénédiction extraordinaire pour les autres. On peut donner, de la part de Dieu, des paroles qui feront du bien aux autres, ce qu'on ne pourrait jamais dire de son propre chef.

Ainsi, lorsque *le* don par excellence, le Saint-Esprit, est donné, il offre des cadeaux. Et il est juste et bon que nous « convoitions » ces cadeaux. La Bible condamne la convoitise mondaine, mais elle ordonne aux chrétiens de convoiter – désirer ardemment de recevoir – les dons de l'Esprit-Saint.

3. Maturité croissante

Le troisième privilège qu'on est en droit de s'approprier à travers l'Esprit-Saint c'est une maturité croissante. Elle n'est pas le fruit des dons de l'Esprit, comme certains semblent le penser. Les dons de l'Esprit ne feront pas nécessairement de vous un chrétien meilleur ou plus mature – il n'est que de se rappeler l'Église de Corinthe avec ses querelles, ses péchés et ses doctrines malsaines ! Les dons sont là pour aider les autres, pas nous-mêmes. Et il est tragiquement possible qu'une personne ait reçu tous les dons de l'Esprit-Saint et demeure un chrétien charnel, égoïste.

Mais le Saint-Esprit veut nous rendre saints. Il se préoccupe de notre sanctification. Or, la maturité, par définition ne peut pas être un don qu'on reçoit soudain d'un coup. La sainteté est le produit de la croissance dans l'Esprit-Saint.

On commet souvent deux erreurs, en tombant dans deux extrêmes opposés, pour ce qui est de la « sainteté » chrétienne. À l'un des extrêmes, on prétend qu'elle est impossible. Nous ne serons jamais saints, tant que nous ne serons pas au ciel, et il est donc vain de tenter de l'atteindre.

L'autre extrême affirme que la sainteté ne peut être reçue que d'un coup, une fois pour toutes, après quoi il est pratiquement impossible au croyant de pécher. Cette notion de « perfectionnisme » a été prêchée dans de nombreuses conventions, qui offraient la sainteté instantanée grâce à une expérience unique et spectaculaire de l'Esprit-Saint.

Ces deux points de vue extrêmes sont aussi faux l'un que l'autre. La sainteté c'est ce que Dieu désire pour son peuple, mais on l'atteint, non pas par la réception de ces dons, mais grâce à la marche dans l'Esprit. Il n'y a pas de raccourci. Pendant que nous marchons dans l'Esprit, le fruit de l'Esprit mûrit.

Quelqu'un demanda un jour à D. L. Moody s'il avait été rempli de l'Esprit. « Oui », répondit-il, « mais le problème c'est que j'ai des fuites ! ». Le commandement du Nouveau Testament c'est de « continuer à être rempli », un processus plutôt qu'une crise brutale. Ce n'est pas la sainteté instantanée, mais la sainteté habituelle – avoir l'habitude de marcher dans l'Esprit produit le fruit de l'autodiscipline.

L'intérêt de marcher dans l'Esprit, c'est que c'est un moyen de mesurer les progrès. Nous ne sommes pas appelés à faire des sauts erratiques vers la sainteté, mais à avancer avec constance, étape par étape, selon un processus menant à un objectif : la maturité.

Le fait est que beaucoup de chrétiens en sont restés au septième chapitre de Romains, et ne sont jamais passés au huitième. Le septième chapitre décrit une expérience chrétienne banale : l'homme intérieur voudrait plaire à Dieu mais l'homme extérieur ne cesse de s'y opposer et c'est l'échec. Il s'agit d'une sorte d'état schizophrénique dans lequel le croyant est captif de ses mauvaises habitudes, tiraillé entre ce qu'il sait devoir être et ce qu'il se sait être.

Mais cela n'est pas nécessairement l'expérience constante des chrétiens. On est destiné à vivre l'expérience décrite au chapitre huit de la vie chrétienne *normale*. Voici, l'Esprit de vie en Jésus-Christ me rend libre de la loi du péché et de la mort ». Nous sommes appelés à vivre cette expérience. C'est l'un des privilèges de la vie dans l'Esprit, mais il n'y a pas de raccourcis.

La sainteté que nous sommes appelés à vivre n'est pas affaire d'individualiste. C'est atteindre la plénitude, la complétude et nous ne serons jamais ni entiers ni complets en restant dans notre coin. Le plan de Dieu pour tout le corps, c'est l'amour – l'amour mutuel – car c'est bien là sa marque. On peut avoir obtenu des capacités, mais sans amour, comme l'explique Paul dans 1 Corinthiens 13, nous ne pouvons pas atteindre la maturité. L'amour est la marque de la sainteté.

4. La transformation physique

L'archevêque William Temple a dit un jour que le christianisme est la plus matérialiste de toutes les religions. La raison en est simple : contrairement à toutes les autres, le christianisme est véritablement concerné par le corps. Cette religion ne sépare pas l'âme du corps. Dès le jour de la création de l'homme, quand il *devint* une âme vivante (effectivement, il n'a pas *reçu* une âme), la religion de la Bible se préoccupe du physique autant que du spirituel.

Un auditeur contestataire à Tower Hill a un jour demandé à Lord Soper de quelle forme était l'âme.

« Oblongue », répondit-il – et il avait raison, car c'est la forme d'un corps humain.

« Où est l'âme dans le corps ? » fusa la question suivante.

« Là où, dans un orgue, se trouve la musique ! » répondit Lord Soper.

C'est merveilleusement vrai. Vous pouvez démonter l'orgue, vous ne trouverez jamais sa musique. « L'âme c'est la vie du corps ».

Jésus fut physiquement ressuscité des morts, et l'on nous dit que l'Esprit qui a ressuscité Jésus rendra aussi la vie à *nos* corps mortels.

Certaines personnes aujourd'hui peuvent également vivre cette résurrection, dans cette vie, car le même Esprit peut donner la guérison à des organes malades ou blessés.

Là encore, il y a deux points de vue extrêmes sur la guérison. Certains prétendent qu'il n'y a pas de miracles de guérison de nos jours, que la guérison appartenait à une époque antérieure de la chrétienté. À l'autre extrême on entend ceux qui affirment qu'éternuer est un péché, que les malades et la maladie n'ont pas leur place dans la vie du chrétien.

Le premier point de vue limite le Saint-Esprit, ce donneur de vie. Le second nie un fait évident : nous sommes tous en état de lente décomposition progressive, et nous finirons tous par mourir.

Mais même alors, le créateur de la vie n'est pas mis en échec. Le même Saint-Esprit nous ressuscitera d'entre les morts et nous donnera un nouveau corps spirituel. Le cimetière local, maintenant si calme encore, sera un jour l'endroit le plus fréquenté dans la ville, le jour où les morts ressusciteront « en un clin d'œil ».

Toutes ces choses – les dons, la maturité, la vie, la guérison – sont les privilèges réservés à chaque croyant. Pas seulement à une je ne sais quelle aristocratie de super-chrétiens. Mais ils doivent être désirés, réclamés... et beaucoup de chrétiens ne parviennent pas à les réclamer.

Parfois, ils craignent que les dons soient démoniaques et ne leur apporteront qu'angoisses et malheurs. D'autres craignent de n'obtenir qu'une contrefaçon de dons spirituels. Ce n'est pas pour autant non plus une raison suffisante pour rejeter un don de Dieu. En effet, le fait est que les démons peuvent chercher à s'infiltrer ou à contrefaire un don authentique, mais cela prouve simplement que les dons réels existent bien. Depuis l'arrivée de l'euro, personne ne prend plus la peine de contrefaire des francs.

C'est demander qui est le plus important – notre manière de la faire et nos motivations intérieures.

Quand on persévère à demander les dons de Dieu avec opiniâtreté, c'est la preuve qu'on les désire ardemment. Jésus évoque cet homme qui frappa à la porte de son voisin en pleine nuit pour lui emprunter de la nourriture parce qu'un invité inattendu s'était installé à sa table. Il frappa, frappa encore et encore, jusqu'à ce qu'il obtienne une réponse. Voilà « comment » demander : demandez, et demandez sans cesse, jusqu'à enfin recevoir. (Fait significatif, Jésus termina cette parabole pour alors expliquer tout de suite qu'il faut demander l'Esprit-Saint (Luc 11:13).

Mais cette histoire nous dit aussi pourquoi il nous faut

demander : il voulait trouver de la nourriture pour l'offrir à quelqu'un d'autre. Ne cherchons pas les dons de l'Esprit-Saint pour nous-mêmes, mais pour les mettre au service des autres. « Je n'ai rien à lui offrir », disait l'importun – et nous pas plus, si nous n'avons pas l'Esprit-Saint. Ne le désirons pas pour notre propre usage égoïste, mais afin qu'il puisse se servir de nous.

Le commandement est simple. Si nous le voulons c'est d'abord pour lui-même, et afin qu'il puisse nous prendre encore plus entièrement. Et puis nous le voulons pour les autres, afin qu'il les bénisse à travers nous.

Et ce que nous voulons vraiment, nous le demandons. Et ce que nous demandons du fond du cœur, au nom de Jésus, nous le recevons immanquablement.

Chapitre Douze

ET L'ÉGLISE DANS TOUT ÇA ?

Beaucoup des personnes qui auront suivi tout ce qui vient d'être dit jusqu'à présent dans ce livre vont aborder avec réticence le chapitre qui commence maintenant. Dieu, Christ, le Saint-Esprit, le pardon, la vie – voilà des doctrines nouvelles qu'ils apprécient et trouvent précieuses. Mais dans leur esprit, l'Église... ça n'a rien à voir ! Les non-convertis disent qu'ils veulent Christ, pas l'Église. Et ces gens, qui se disent chrétiens engagés et passent beaucoup de leur temps à effectuer des activités chrétiennes, sont souvent réticents à s'engager et devenir membre d'une église locale précise. C'est un phénomène résolument moderne, et je pense que les causes sont faciles à élucider.

C'est en partie la faute de l'Église elle-même. Au lieu de l'Église rayonnante de vie telle que décrite dans la Bible, nous voyons que l'Église s'est cristallisée et la voilà de nos jours fossilisée. C'est ce qui est arrivé dans une région comme le pays de Galles où, au début du siècle dernier, se produisit un incroyable réveil spirituel. Aujourd'hui, la plupart des signes de cette renaissance sont des restes fossilisés – de grandes églises, vides, souvent à l'abandon, dans presque chaque village. La seule influence ecore eprceptible de cette renaissance c'est sa musique. Un mouvement spirituel peut mourir au milieu d'une abondance de bâtiments, de belles paroles, ou de chants. En effet, l'Église d'aujourd'hui, en se préoccupant tant de telles choses, démontre son manque de vitalité. Nous construisons des églises à l'architecture gothique, nous portons des costumes romains, nous nous exprimons dans la langue et la musique des époques élisabéthaine et victorienne ! Pas étonnant que les gens pensent que nous sommes déconnectés du réel. Pas étonnant que l'inspiration soit prise au piège de l'institution.

Un magazine a récemment demandé, « Où est passé le Mouvement de Jésus ? » C'est une question intéressante. Le « Mouvement de Jésus », fin des années soixante et le début des années soixante-dix semblait incarner précisément cette explosion exubérante, spontanée, non planifiée, du christianisme tel que le monde en avait besoin. Mais à ses débuts, il se défiait fortement de l'Église – sans doute, parce que pendant les premières années, ce mouvement craignait, à juste titre, de s'institutionnaliser et de se figer. En fait, la réponse à la question posée par l'article est très simple : la plus grande partie du mouvement de Jésus est rentrée dans l'Église. Il a enfin trouvé sa vraie place, et tout le monde en a bénéficié.

Mais en général, enthousiasme et Église restent étrangers, ne sont pas solubles, et ce n'est pas seulement de la faute de l'Église. C'est aussi à cause de l'esprit de notre époque. Certaines choses sont très impopulaires de nos jours, comme la discipline, l'autorité, l'engagement et l'implication. Nous vivons une époque où les gens veulent rester entre soi. Ils ne veulent pas se sentir liés à d'autres personnes, pour rester libres de faire « ce qui leur plaît ». Dans ces circonstances, il n'est pas surprenant que les gens acceptent de moins en moins de s'engager dans une Église.

Alors, pourquoi ne pas en rester là ? Pourquoi ne pas « lâcher l'affaire » et renoncer à « faire avancer l'Église », accepter la défaite, se contenter d'une conviction personnelle et témoigner de Jésus, sans adhérer à un quelconque groupe, sans perdre du temps à se réunir avec d'autres croyants, sauf s'ils nous conviennent, à un moment donné ? Qui pourrait s'opposer à cela ?

La réponse tient en un mot : Jésus ! Il ne serait pas du tout d'accord. On peut l'affirmer sans équivoque. Après tout, l'Église était son idée, son rêve, son ambition. Il ne l'a pas reniée – il a donné sa vie pour elle, il l'a achetée avec son propre sang.

L'importance que Jésus donne à l'Église se voit en ceci – ce qu'il a fait et ce qu'il a dit.

Quand il est retourné de la terre au ciel, Jésus a laissé derrière lui onze hommes qu'il avait soigneusement sélectionnés. Ce nombre n'était pas accidentel, et la sélection des douze apôtres originaux n'étaient pas simplement une manière symbolique de remplacer les douze tribus d'Israël. Le fait est qu'une synagogue – une « église » juive – ne pouvait exister que si dix hommes adultes au minimum étaient réunis. Jésus a laissé derrière lui ce même « quorum »... et même un de plus. Ses témoins étaient assez nombreux pour former une église, selon la coutume juive.

Il a également dit quelque chose à l'appui de cette idée. Pendant les deux premières années et demie de son ministère sur terre, il n'a jamais utilisé le mot « Église ». Puis, juste avant la Transfiguration, il a posé à ses disciples la question qu'il avait réservée pour ce moment précis : « Qui dites-vous que je suis ? » Et Simon Pierre est devenu de ce moment le premier membre de l'Église : « Tu es le Christ, le Fils de Dieu », dit-il. Et Jésus répondit : « Tu es Pierre, et sur cette pierre – parce que vous témoignerez ainsi de moi – je bâtirai mon Église ». Jésus avait l'intention d'avoir une Église, et que chaque chrétien, tous ceux qui partagent la confession de Pierre au sujet de Jésus, soient membre de son Église.

La question cruciale, cependant, n'est pas de savoir si Christ avait l'intention de créer une Église – c'est une évidence, mais de *discerner quelle sorte d'*Église *il avait en tête* ? Pour nous, « Église » ou « église » sont des mots qui évoquent toutes sortes de réalités : des bâtiments, des dénominations, le clergé, les écoles du dimanche, des chorales, des organisations... Mais ces images puissantes peuvent fausser nos efforts à découvrir ce que Jésus voulait. Car, tout bons ou mauvais qu'ils soient, ces derniers soient bons ou mauvais, ils ne font pas partie de l'Église telle qu'il l'a fondée. Ils sont tous arrivés beaucoup plus tard. Trois questions peuvent, en fait, nous ramener au cœur de la vraie.

1. Qui devrait appartenir à l'Église ?

C'est la première question, la plus fondamentale, et dans des pays comme la Grande-Bretagne et la France, où le christianisme est la religion dominante depuis des siècles, il est extrêmement difficile de répondre à la question : « où tracer la ligne de démarcation entre l'Église et le monde ? En Grande-Bretagne et en France, plus de la moitié de la population a été baptisée dans une église, mais moins de la moitié se marient ou sont enterrés par l'Église, tandis qu'un dixième seulement assistent régulièrement aux offices du dimanche. Combien d'entre eux ont une relation vivante avec Jésus ? Bonne question ! Qui sait quel chiffre représente le nombre des membres du peuple de Dieu, l'Église ?

Ce dont nous sommes sûrs, c'est qu'il n'est pas infini. Christ a tracé des frontières nettes autour de son Église, utilisant des métaphores différentes pour faire comprendre les distinctions auxquelles il tenait : les moutons et les chèvres, le blé et l'ivraie, les vierges sages et les vierges folles. Trois images dans le Nouveau Testament permettent de comprendre ce que doit être l'Église.

La famille de Dieu en est une, par exemple. Il a été explicitement dit que, dans la famille de Dieu, on trouve des fils et des filles, mais pas de petits-enfants. Il n'existe aucun moyen d'entrer dans une famille, si ce n'est par la naissance ou l'adoption : on ne peut y entrer clandestinement, sournoisement, ni en payant des pots de vin. On ne naît pas chrétien. Seul Jésus est le Fils « engendré » par Dieu. Mais on peut être adopté dans la famille en tant que fils et c'est ce que nous entendons quand on parle d'être « né de nouveau ».

Ensuite, il y a l'image du troupeau du Christ – dont le berger et nous, ses moutons. Cela évoque la relation personnelle de dépendance à lui, qui unit tous les membres de l'Église. « Je connais mes brebis, dit-il, mes brebis me connaissent et je les appelle chacune par leur nom ».

Je me souviens de deux bergers que je voyais en Israël essayer de séparer leurs troupeaux qui s'étaient mélangés. Il y avait probablement 200 moutons au total et la tâche semblait a priori impossible. Mais ils s'y sont mis tout à fait méthodiquement. Ils ont ramassé les agneaux, les ont reconnus en un coup d'œil et ont pu ainsi les trier. Les moutons furent simplement appelés par leur nom. C'était une illustration frappante des paroles de Jésus, et une illustration non moins parlante du troupeau de Jésus. Les brebis le connaissent, et il les connaît personnellement. Ils ont entendu la voix de Jésus et y ont répondu.

Puis, l'Église c'est *la communion de l'Esprit*. C'est vraiment la réalisation de la déclaration très claire de Paul dans Romains 8 : « Si quelqu'un n'a pas l'Esprit du Christ, il ne lui appartient pas ». Seuls ceux qui ont l'Esprit peuvent être comptés dans la communion fraternelle.

Donc, l'Église se compose de ceux qui sont liés à Dieu comme ses fils, à Jésus comme ses brebis, et à l'Esprit-Saint comme ses amis. C'est ce genre de relation, une relation rendue possible par la Croix, qui constitue les membres de la véritable Église. Ils sont liés à Dieu, par la repentance et la foi. Ils sont vraiment convertis, réellement nés de nouveau. Eux, et eux seuls, constituent l'Église.

2. Que devrait faire l'Église ?

Les panneaux d'affichage des églises, et aujourd'hui leur site Web, offrent un éventail déconcertant d'activités censées attrayantes pour des personnes extérieures, du festival de fleurs aux concerts musicaux, des activités ludiques aux cours de remise en forme physique. Il semble que la marque d'une église réussie soit son programme – chargé – d'événements. Mais la vraie question est, « tant d'activité : dans quel but ? » Quels sont les objectifs de l'Église ? Toutes ces activités ne finissent-elles pas par l'en détourner ?

Je dirais qu'il y a trois objectifs, et toute activité de l'Église qui ne tend pas à les atteindre devrait être abandonnée.

Le premier c'est *l'adoration* – faire quelque chose où

Dieu occupe la première place. Une seule activité vraiment désintéressée : « à la louange de sa gloire ». Mais cette activité, peu naturelle pour nous, doit être apprise. Notre culte peut être liturgique ou libre dans sa forme, c'est relativement de peu d'importance. Ce qui est absolument fondamental, c'est que Dieu doit recevoir ce qu'il cherche : notre amour et notre louange.

La seconde c'est *l'évangélisation* : l'Église comme représentante du message de Dieu aux yeux du monde. Il nous a appelés à aimer nos voisins, comme il a aimé le monde et a donné son Fils pour cela. Mais l'amour authentique c'est évangéliser. Comment pouvons-nous aimer une personne et rester les bras croisés pendant qu'elle file droit en enfer ? Notre amour pour notre prochain peut et doit être exprimé par des aides matérielles, mais il peut et doit également être exprimé par une aide spirituelle.

Nous devons apprendre à évangéliser : ce n'est pas tant savoir comment faire, que s'y mettre.

Troisièmement, nous devrions avoir comme objectif notre *communion les uns avec les autres*. La dernière volonté de Jésus avant sa crucifixion fut que ses disciples s'aiment les uns les autres. C'est ainsi que nous devrions soutenir nos compatriotes chrétiens. En passant du temps ensemble, dans la prière ensemble, dans des actes d'amour et de souci les uns pour les autres, nous nous édifions les uns les autres dans le corps de Christ. Et cela, aussi, doit être appris. Gardons-nous d'attendre que cela arrive tout seul.

Nous avons besoin de considérer chaque activité dans laquelle nos églises s'engagent, et nous demander si elle contribue à atteindre l'un de ces objectifs. Si elle ne contribue pas à louer le Seigneur, servir notre prochain, ou à l'édification du Corps du Christ, alors il n'y a aucune raison d'y perdre du temps et de l'énergie. Si elle est au service de Dieu (dans le culte), ou dans le monde (dans l'évangélisation) ou de l'Église (dans la communion fraternelle), alors c'est une activité vraiment digne du corps du Christ.

3. Comment l'Église devrait-elle être organisée ?

Beaucoup de gens aujourd'hui diraient que l'Église ne devrait pas être organisée, mais libre et spontanée. Ils aiment à dire qu'il s'agit d'un organisme, pas d'une organisation.

Mais Dieu est un Dieu d'ordre. Tout au long de la Bible, nous voyons comment les processus de création et de rédemption s'organisent, et toujours avec une merveilleuse attention aux détails. Il est peu probable que Dieu veuille d'une Église désorganisée.

Absolument pas, bien sûr. Si l'on examine le Nouveau Testament, nous trouvons des lignes directrices pour organiser l'Église. La plupart des questions vraiment fondamentales y trouvent leur réponse.

Il est bien évident, par exemple, que l'organisation et le contrôle de l'Église ne repose pas entre les mains d'un seul homme à tous les niveaux. Ce n'est pas seulement l'affaire du « révérend un tel, de l'église Machin ». Le leadership dans le Nouveau Testament est toujours au pluriel : les apôtres, les anciens, les diacres. Chaque église locale avait à sa tête plusieurs anciens, pas seulement un.

Et il était important qu'elle soit une église *locale*, pas une organisation internationale, pas plus qu'un organisme national encadré par une lourde hiérarchie. L'Église est composée d'églises – les églises locales, avec les chrétiens d'une localité donnée, avec une direction locale.

L'Église du Nouveau Testament n'était pas démocratique. Elle n'avait pas notre enthousiasme pour les votes que nous organisons si fréquemment au sujet de ceci et de cela. Il y avait une gouvernance dûment désignée ; qui n'était pas élue par le vote populaire, même si elle était « reconnue » par le peuple comme un don venu du Seigneur.

Un autre facteur émerge brillamment de tout le Nouveau Testament pour décrire l'Église. Chaque chrétien, sans exception, était membre à part entière d'une église locale.

4. Quelles sont les marques d'une véritable Église ?

Mais qu'est-ce donc qu'une véritable Église ? Et quand une « Église » cesse-t-elle d'en être une ? Car il ne fait aucun doute que l'histoire est pleine de contrefaçons et d'imitations de l'original.

Disons-le tout de suite : une « vraie » Église ne sera jamais parfaite. On ne doit pas s'attendre à trouver une Église parfaite sur la terre. Et, comme on l'a dit avec humour, le jour où l'on trouve une Église parfaite, gardons-nous d'en devenir membre, car alors elle deviendrait immédiatement imparfaite !

Nous devrions nous attendre à trouver, tout d'abord, la foi. L'Église est une construction faite de pierres vivantes fixées sur une base solide, et cette fondation c'est la confession de foi de Pierre avant la Transfiguration. Les successeurs de Pierre partagent la foi de Pierre : « Tu es le Christ, le Fils du Dieu vivant ». L'Église est bâtie sur la pierre angulaire de Christ, sur le fondement de la foi. Sans cette foi, il n'y a tout simplement pas d'Église.

Ensuite, l'Église est l'Épouse de Christ – métaphore audacieuse utilisée pour le peuple de Dieu dans l'Ancien et le Nouveau Testament. Comme un mari et sa femme, Christ et son Église sont réunis dans une unité parfaite. Cette imagerie parle d'espoir : nous languissons de participer à la grande fête de mariage au ciel, telle que l'évoque l'Apocalypse. Nous attendons avec impatience le retour de l'époux.

Et, troisièmement, l'Église est un *corps*, ce qui exprime la vie d'amour qui doit régner à l'intérieur. Là encore, la métaphore est audacieuse. Chaque membre est littéralement un membre ou un organe du corps – comme une main, une jambe, ou un poumon, nous faisons partie d'un organisme vivant. Et le sang est au corps humain ce que l'amour est à l'Église. Il la nourrit et l'alimente.

Il convient de souligner que chacune de ces marques sont autant de signes de Jésus-Christ. Il est la pierre angulaire de l'édifice, l'époux, la tête du corps. Et c'est la vraie marque de la véritable Église : il est totalement centré sur le Christ, dans la foi, l'espérance et l'amour.

5. Quel est son avenir ?

Certains croient que l'Église n'a pas d'avenir, qu'elle est finie. Mais les faits font mentir cette sombre prophétie.

Jamais dans son histoire l'Église a-t-elle grandi plus vite qu'aujourd'hui – plus de 25.000 nouveaux membres chaque jour. Elle est complètement et glorieusement vivante, elle en a tous les signes, elle a un passé merveilleux et un avenir prometteur.

Mais que lui réserve l'avenir ?

L'Église va certainement être persécutée. C'est l'une des prophéties de Jésus, et comme elle se réalise aujourd'hui ! Je crois que plus s'approchent les temps de la fin plus seront intenses les persécutions.

Puis, le futur verra une Église complète. Lorsque le Christ viendra, pas un seul de ses membres ne sera absent. Et la grande famille du Christ sera composée de personnes de toutes races, tribus et langues, de toutes couleurs et cultures. Dieu aime une famille mixte.

L'Église est également destinée à être ressuscitée et enlevée. Ses membres, ressuscités des morts, seront enlevés lors de sa venue pour monter à la rencontre de Jésus dans les airs, comme le décrit Paul dans 1 Thessaloniciens 4. Bien sûr, l'Église d'aujourd'hui comprend les morts, tous ces croyants qui ont vécu avant nous. Mes parents et ma sœur, qui sont tous morts, font toujours partie de l'Église. Les portes de la mort les ont temporairement séparés de moi, mais pas de Jésus. L'Église militante (sur terre) et l'Église triomphante (dans le ciel) sont une seule Église, et non deux. Lorsque le Christ reviendra, ceux qui sont vivants à ce moment-là seront réunis à ceux qui sont morts.

L'Église sera alors couronnée, pour régner avec Christ. La fiancée ira à la rencontre de son époux.

Je crois aussi que l'Église sera unie, non seulement avec Dieu, mais avec son peuple de l'Ancienne Alliance, l'ancien Israël. « Il y aura un seul troupeau et un seul berger ».

Enfin, l'Église sera *glorifiée*, élevée au-dessus des anges, inscrite dans un « ciel nouveau et une nouvelle terre ». Le Christ a promis lui-même une « glorieuse » Église, et, enfin, il vous fera partager sa gloire, quand toute la gloire terrestre aura disparu. On peut dire sans risque de se tromper qu'aucune autre société sur terre ne peut s'attendre à un tel avenir.

Donc, la question est, dois-je appartenir à cette Église ? Car c'est de l'Église « une, sainte, catholique et apostolique » dont parle le credo.

Un, parce qu'elle a un chef, une foi et un seul Esprit.

Sainte, parce qu'elle est différente du reste du monde, choisie, le peuple élu par Dieu. Un jour, chaque membre sera parfait.

Catholique dans le vrai sens du terme, car elle existe dans le monde entier, n'a pas de barrières de classe, de couleur ou de culture, elle comprend le monde entier.

Et elle est apostolique parce qu'elle est basée sur le credo et les comportements des apôtres. Elle partage leur foi. Elle est l'Église de son Livre, le Nouveau Testament.

C'est celle-ci – aucune autre – qui est l'Église du Seigneur Jésus, celle qu'il a obtenue « avec son propre sang ».

Chapitre Treize

COMMENT TOUT CELA FINIRA-T-IL ?

Les façons modernes d'envisager l'avenir sont étrangement contradictoires. Certains disent que nous devons y penser davantage, d'autres, de ne pas y accorder tant d'attention.

Le premier groupe sont les « futurologues », les experts qui ont étudié ce que l'avenir réserve à cette planète, et que le moment est venu pour tout le monde d'accepter leurs conclusions et que, si nous ne prenons pas des mesures pour l'avenir, il n'y aura tout simplement pas d'avenir.

Après tout, disent-ils, nous vivons dans un monde de changement accéléré. Beaucoup de gens souffrent de ce qu'Alvin Tofler a appelé le « choc du futur », un effondrement massif de notre adaptation à l'environnement. Loin d'en être exempts, les membres de l'Église compteront parmi les victimes. Ils trouvent aussi insupportables le rythme du changement dans l'Église. Les effets de ce changement rapide se font sentir à tous les niveaux. Les connaissances doublent tous les dix ans. À peine a-t-on fait une découverte qu'une autre survient, encore plus étonnante. Nous avons irrémédiablement rompu avec le passé, et nous fonçons tête baissée vers l'avenir.

C'est pourquoi, disent-ils, nous avons tout intérêt à l'étudier. Partout dans le monde se créent des *think tanks* (groupes de réflexion d'experts) chargés de trouver des réponses aux problèmes énormes auxquels est confrontée notre planète pour qu'elle ait une chance de survivre. Notre seul espoir, selon les futurologues, c'est d'avoir toujours un coup d'avance.

Mais l'autre groupe – très actif depuis quelques années – souhaite rejeter cette idée entièrement. Comme on ne peut pas savoir de quoi l'avenir sera fait, disent-ils, autant prendre la vie à pleines mains, et laisser l'avenir se débrouiller tout seul. Ce sont des pessimistes, qui croient que l'Apocalypse est pour demain (l'un de ces *think-tank* la prévoit pour dans à peine quarante ans) et il n'y a rien à faire. Dans ce cas, il vaut mieux tourner le dos à l'avenir et ne penser qu'à aujourd'hui – ou se réfugier dans un passé idéalisé. C'est ainsi que l'existentialisme (vivre pour l'instant présent) et la nostalgie (vivre dans le passé) sont tous les deux en vogue.

Qu'on pense qu'il est possible de prévoir l'avenir de notre planète, ou qu'elle n'en a pas du tout, ce qui compte pour le chrétien c'est de comprendre que le monde n'est pas livré à lui-même, et que l'homme n'en a pas la maîtrise non plus. Dieu a le contrôle des événements, et il en a toujours été ainsi. Comme l'a dit quelqu'un, l'Histoire c'est Son histoire (*History is His story*). C'est lui qui détermine la direction et la vitesse des événements du monde et un jour il mettra un terme à l'histoire humaine.

Donc, si nous sommes tentés de croire que plus personne ne maîtrise plus rien, ou que la vitesse du changement nous angoisse, rappelons-nous que non seulement Dieu seul sait ce qui nous attend mais, en plus, qu'il nous l'a dit. Plus d'un quart de la Bible est consacré à des prophéties, et plus de quatre-vingts pour cent d'entre elles se sont déjà réalisées. En effet, à peine une douzaine de prédictions restent à s'accomplir avant la fin de ce monde, et l'avènement de l'ère postérieure à ces événements. Dieu connaît l'avenir, Dieu le prépare... et Dieu nous révèle l'avenir, afin que nous vivions le présent correctement par rapport à ce qui va se passer. Dieu veut que nous sachions ce qui nous attend, car notre avenir influence nos comportements actuels.

Nous allons maintenant examiner ce que Dieu a révélé au sujet de l'avenir, et nous verrons que les chrétiens qui fondent leur foi sur la Bible ont des opinions différentes sur un ou deux points. Mais dans l'ensemble, ceux qui croient que la Bible révèle à l'homme la vérité de Dieu interprètent de la même façon ce qui nous attend.

1. L'avenir immédiat

L'avenir immédiat concerne ce que la Bible appelle « le présent siècle mauvais ». Le tableau qu'elle peint du monde dans les derniers jours nous est tristement familier, et couvre tous les aspects de la vie moderne – aux plans social, politique, ecclésiastique, naturel et même spirituel.

Dans le domaine *social*, les derniers jours verront une poursuite forcenée des plaisirs. En outre, les gens rejetteront l'autorité et l'anarchie s'accroîtra. La violence va se déchaîner. L'immoralité se généralisera sous diverses formes. De plus en plus de familles seront brisées et les groupes sociaux entreront en conflit – lutte des classes entre capital et travail, conflit entre générations, etc. Avec pour résultat, généralisation d'une peur quasi-universelle. Tout cela est très précisément prédit dans les paroles de Jésus lui-même.

Dans le domaine *politique*, il y aura un déclin de la démocratie et une montée des dictatures, car les gens apeurés, perplexes devant « les guerres et les bruits de guerres », se tourneront vers des « hommes forts » pour résoudre par la force les problèmes des nations. On déploiera de grands efforts pour la paix et la sécurité, en pure perte, ce qui accroîtra la « détresse des nations, et leur perplexité », comme Jésus l'avait prédit.

Dans toute cette agitation, je crois qu'Israël jouera un rôle crucial. Le retour des Juifs en Palestine et le rétablissement d'Israël me semble constituer des événements d'une énorme importance, et il faudrait y consacrer un livre tout entier [1]. Dans le domaine *ecclésiastique*, les « derniers jours » seront marqués par les compromis et la faiblesse. Nombreux seront les pasteurs qui s'avèreront trompeurs, faux prophètes, et certains iront même jusqu'à s'ériger en messies. Les cultes vont se multiplier. Fables et fantaisies égareront les hommes dans leurs mensonges.

---

[1] Pour ceux que cela intéresse, voici l'un des meilleurs : *La renaissance de l'Etat d'Israël : est-elle de Dieu ou des hommes ?* par Arthur W. Kac, diplômé de l'université.

Les membres de l'Église ne seront pas mieux lotis. L'amour pour Dieu se refroidira, indifférence et ignorance seront la norme, et nombreux seront ceux qui renieront leur foi. Avec pour résultat un brouillage de la ligne de démarcation entre l'Église et le monde.

Il y aura de grandes catastrophes naturelles : tremblements de terre, inondations et pandémies en tous genres témoigneront des mauvaises relations entre l'humanité et la terre qu'elle habite. On a l'impression qu'il existe une sorte de connexion psychosomatique entre l'homme et la nature. Quand l'homme est désordonné, la nature se dérègle aussi. En fin de compte, même le soleil, la lune et les étoiles seront également touchés.

Enfin, dans la sphère *spirituelle*, les derniers jours verront l'évangélisation du monde entier. L'Évangile de Jésus-Christ sera enseigné à toute nation, tribu, et langue, et il a déjà été introduit dans tous les pays sans exception. Pourtant, malgré le développement stupéfiant de cette évangélisation – à aucun autre moment de l'histoire l'évangélisation a-t-elle été aussi active qu'aujourd'hui – la plupart des gens resteront insensibles à Christ. « Quand le Fils de l'homme viendra, trouvera-t-il encore de la foi sur la terre ? » Ridicule, railleries et de réelles persécutions seront le lot des chrétiens... comme Christ l'avait prédit.

Tous ces événements atteindront leur point culminant avec l'émergence d'un nouvel ordre mondial souverain, ce que la Bible appelle la « grande perturbation » – la « Grande Tribulation ». Cela est prédit dans toute la Bible – dans Daniel, Matthieu, 2 Thessaloniciens et l'Apocalypse.

La confédération de dix royaumes du Moyen-Orient deviendra une nouvelle superpuissance, et trois dirigeants seront remplacés par un seul personnage dominant, connu dans la Bible sous le nom d'« Antéchrist » (ce qui signifie tout simplement « à la place de Christ » plutôt que « contre le Christ »), qui usurpera sa place. Sous la domination de cet homme, l'État et son chef prendront la place de Dieu. Et cette règle impie conduira au cataclysme final de la Grande Tribulation.

Tous les chrétiens s'accordent à dire que les Juifs subiront la Tribulation. Mais ils ne sont plus d'accord quand il s'agit de prévoir le même sort pour eux-mêmes.

L'interprétation « classique » (celle qui a fait l'unanimité pendant des siècles) c'est qu'ils n'y échapperont pas non plus. L'Apocalypse évoque les saints qui ont surmonté « la grande Tribulation » ; il faut donc bien qu'ils y soient passés ! Les croyants doivent être prêts à faire face à cette courte (quelques années) période, mais qui sera extrême et douloureuse.

Au début du XIXe siècle, émergea un autre point de vue. Des hommes comme Irving, Bullinger, J.N. Darby et Scofield ont enseigné que l'Église serait « enlevée » – arrachée – avant la Tribulation.

Pour ma part, je m'en tiendrai à l'interprétation « classique », celle de la « post-tribulation » ; à choisir, je préfère me tromper et préparer le peuple de Dieu à endurer des souffrances auxquelles il échappera peut-être, que de commettre l'erreur, plus grave, de l'endormir dans une fausse impression de sécurité ! Mais le plus important c'est de souligner que l'événement futur le plus important dans l'histoire du monde, c'est le retour de Jésus.

2. Les débuts de l'âge à venir

Il en effet prédit que l'Antéchrist sera l'avant-dernier leader mondial. Christ sera le dernier. Pendant la guerre mondiale finale, qui sera dirigée contre Israël, et au plus fort du conflit, le Christ reviendra dans son pays. À propos de cet événement, tous les amoureux de la Bible sont d'accord. En fait, la Bible en parle plus de trois cents fois. Son retour sera physique et visible ; il viendra cette fois régner en majesté, et son royaume viendra avec lui.

Cependant, les chrétiens n'ont là encore pas la même interprétation. Où et quand Christ installera-t-il son royaume, et sera-ce sur la terre ou au ciel ? Et ses mille ans de règne – le « millénaire » – suivra-t-il ou précèdera-t-il son retour ?

Trois interprétations co-existent :

La croyance *pré-millénariste*, c'est que le millénaire commencera après le retour de Christ. Cela me semble l'interprétation la plus simple, et ce qui est simple est généralement juste. Le monde verra ce qu'il aurait pu vivre s'il n'avait pas rejeté le règne de Christ.

Le point de vue *post-millénariste*, c'est que l'Église introduira le royaume du Christ en « christianisant » le monde entier, avant le retour de Christ. Cette idée est implicite dans de nombreux hymnes missionnaires de l'époque victorienne – « la terre sera remplie de la gloire de Dieu ».

La troisième interprétation est appelée *a-millénariste* – et c'est la plus répandue de nos jours. En fait, le millénaire devient alors une expérience spirituelle plutôt qu'un événement réel.

C'est le règne de Christ dans nos cœurs, le règne actuel de Christ dans le ciel, et cette vision de mille ans de perfection n'est qu'une image.

Encore une fois, aux imitations je préfère l'original : la position pré-millénariste de l'Église primitive. J'attends avec impatience de voir se réaliser la manifestation sur terre de la puissance de Christ. « Que ton règne vienne, que ta volonté soit faite sur la terre comme au ciel ».

3. Notre ultime destinée

La seconde venue de Christ mettra fin à l'histoire humaine. Il me semble un peu futile de discuter les détails des événements et l'ordre de leur déroulement. Ce qui est important c'est de comprendre ce qui suivra le retour du Christ.

Ce qui est sûr, c'est que nous connaîtrons la *résurrection du corps*. La mort divise le corps et l'âme, mais ils sont destinés à être réunis. Notre esprit mortel revêtira un corps immortel, tout comme Christ reçut son propre corps de résurrection.

Que cette résurrection soit une bonne ou une mauvaise nouvelle dépendra de notre propre destin. Tous seront ressuscités : les bons comme les méchants. Et chacun rendra évident dans son corps immortel quelle était sa vraie nature : bonne ou mauvaise.

Ce qui nous amène à l'idée de *jugement*. Le jour viendra où nous devrons rendre des comptes, où les péchés secrets seront révélés et chaque pensée, parole et action apparaîtront pour en attester. Ce jour-là, il n'y aura que deux groupes : les pécheurs, qui ont rejeté la lumière qu'ils avaient à leur disposition et qui vont maintenant recevoir la punition de leurs péchés ; et les saints, les croyants, dont le jugement consistera à recevoir une récompense pour le service. Mais, dans les deux cas, le juge est le même : Jésus-Christ.

Ensuite – même si ce concept répugne tant à certains – viendra le châtiment des méchants. Comme tout le monde, je peux moi aussi présenter de nombreuses objections contre l'idée même de la punition par Dieu de ses créatures : des objections fondées sur la morale, la philosophie, la psychologie et la théologie. Or, elles tombent toutes devant les paroles de Christ. Une seule fois dans la Bible est-il question de l'enfer, et sur d'autres lèvres que les siennes. Christ – l'Ami des pécheurs, le Sauveur du monde, le messager de l'amour – est celui qui nous parle de l'enfer, un endroit où le corps et l'âme sont tourmentés. Il a été préparé pour le diable et ses anges, et ils seront rejoints par les hommes impies. L'enfer, tout simplement, c'est d'être sans lui, qui est la bonté, la lumière et l'amour, et qui hait donc tout ce qui est mauvais, sombre et odieux.

Mais la *béatitude* – le paradis – c'est d'être avec lui, et c'est le destin des saints. On est au paradis là où Christ se trouve. En effet, c'est là que Dieu lui-même habite, et il en remplit tout l'espace. Au paradis, nul besoin d'un temple, d'un lieu saint. Tout y est saint.

Je crois que c'est un endroit – une ville, si vous préférez – d'une telle splendeur que les plus grands fastes de la terre paraissent bien miteux par comparaison. Et dans cette ville splendide, une place est préparée pour chaque croyant, une part personnelle à la gloire de Dieu.

Et enfin, aura lieu la re-création de l'univers. Celui-ci sera dissout par sa propre énergie. Et Dieu se servira de ce feu pour forger un nouveau ciel et une nouvelle terre, dans un nouvel univers.

Tous ces événements, de l'émergence de l'Antéchrist jusqu'à la nouvelle création, arriveront inéluctablement. Certains d'entre nous ne vivront pas personnellement l'expérience de la première série d'événements, ceux menant à la venue du Christ. Mais chacun d'entre nous connaîtra le reste. Résurrection et jugement sont réservés à tous. Ils font partie de notre avenir, quoi qu'il advienne.

Ainsi, la dernière question est la suivante : comment allons-nous répondre à tout cela ? « Puisque tout est appelé à disparaître, quelle sorte de personne devez-vous devenir... ? » (2 Pierre 3:11).

Chapitre Quatorze

OÙ TROUVER PLUS D'INFORMATIONS ?

J'ai réservé pour ce dernier chapitre la clé de voûte de l'ensemble du livre. Tout au long de cet ouvrage, j'ai invité le lecteur à partager mes idées sur ce qu'enseigne la Bible et ce que les chrétiens croient, et j'insiste que tout cela est vrai.

Je suis bien conscient que c'est beaucoup demander, en soi, et on ne peut évidemment pas terminer un livre qui prétend définir le cœur de la vérité chrétienne sans examiner la principale source de la vérité. Et cette source principale, cela ne fait aucun doute, c'est la Bible, que les chrétiens appellent la « Parole de Dieu ». Si la Bible est fausse, si l'on ne peut s'y fier car elle est trompeuse, tous les autres chapitres de ce livre sont construits sur le sable, et vous pourriez aussi bien tout mettre au panier.

Quand la reine d'Angleterre, Elisabeth II, fut couronnée en l'abbaye de Westminster, vint le moment qui fut pour moi l'incident le plus mémorable de toute la cérémonie. Le Modérateur de l'Assemblée générale de l'Église d'Ecosse lui a remis une Bible, avec ces mots : « Voici la chose la plus précieuse de ce monde puisse offrir ». Quelle incroyable déclaration pour n'importe quel livre – plus précieux que les gisements d'or d'Afrique du Sud ou que la technologie des États-Unis, les pièces de Shakespeare ou les peintures de Michel-Ange. Le Modérateur a ensuite ajouté : « C'est la loi royale ». Ce livre, en d'autres termes, c'est la loi à laquelle se soumettent les monarques. La Reine et son Parlement font les lois de la Grande-Bretagne, mais c'est Dieu qui fait les lois qui la concernent !

Quand on voit quelle importance on accorde à la Bible, il n'est pas surprenant que le christianisme soit appelé la « religion d'un Livre ». Mais plus stupéfiantes encore sont les revendications que la Bible présente à son propre sujet, comme nous allons le voir maintenant.

1. Les revendications de la Bible à son propre sujet
a. Son inspiration

La Bible se prétend un livre surnaturel. « Toute l'Écriture est inspirée de Dieu », écrit Paul, mais le verbe utilisé en réalité signifie « expirée »... « soufflée par la bouche », comme tous les mots le sont. La Bible est inspirée de Dieu. Elle est sortie de sa bouche, elle est la révélation directe de Dieu à l'humanité. Ce que nous n'aurions jamais pu trouver par nous-mêmes, Dieu nous l'a clairement expliqué dans ce livre.

Dieu a inspiré les Écritures (2 Timothée 3:16) et ses rédacteurs (2 Pierre 1:10). Les idées développées dans la Bible ne sont pas des opinions ou des croyances sorties de l'esprit de plusieurs êtres humains. Ce sont les idées que Dieu a exprimées à travers l'esprit et les mots des hommes. Ce qui ne signifie pas que ces écrivains n'étaient que de simples machines à écrire, reproduisant mécaniquement des mots instillés par Dieu dans leur esprit, mais plutôt que ces écrivains étaient tellement « transportés » par le Saint-Esprit, tellement sous son contrôle, que Dieu fut en mesure d'utiliser leurs personnalités d'hommes et leur qualités particulières pour exprimer sa révélation, sans que leurs limites humaines provoquent des distorsions ou de la confusion. La Bible est la Parole de Dieu écrite avec des mots humains. Elle dit exactement ce que Dieu veut qu'elle dise.

Par ailleurs, quand nous disons que la Bible est « inspirée », cela ne signifie pas seulement que c'est une « source d'inspiration », même si c'est le cas pour la plus grande partie. L'inspiration de la Bible renvoie à ce que Dieu a fait pour le livre, pas ce que ce Livre a fait pour moi.

b. Son intégrité

Si la Bible est la Parole de Dieu, elle doit être absolument fiable et digne de confiance. Elle ne peut pas contenir d'erreurs, de contradictions ou de divergences, parce que Dieu est un Dieu de vérité. Pour bien des gens, c'est là la plus grande difficulté que leur pose la Bible, car elle semble effectivement pleine de contradictions. Les récits évangéliques de la résurrection de Jésus en sont un exemple.

Il fut un temps où je pensais qu'il y avait des divergences et des contradictions de ce genre dans la Bible. Je me rends compte rétrospectivement que j'essayais de mesurer l'infinie sagesse de Dieu avec un tout petit cerveau humain.

En fait, en poursuivant mon étude des Écritures et en les étudiant de plus près, j'ai constaté que beaucoup de divergences apparentes ont disparu. Comme tout policier vous le confirmera, lorsque de nombreux témoins disent la vérité sur un événement, leurs comptes-rendus présentent toujours des divergences et des contradictions apparentes. Méfiez-vous de l'alibi parfait ! Or, un examen plus approfondi montre que ces « décalages » s'insèrent en fait dans le schéma de la vérité.

J'ai découvert, par exemple, que la plupart, sinon la totalité, des divergences apparentes relevées dans les récits évangéliques de la résurrection (comment expliquer qu'on lit que Jésus est ressuscité « au bout de trois jours et des nuits » ou même « au troisième jour », alors qu'il est décédé vendredi après-midi et a ressuscité *avant l'aube* le dimanche matin ?) sont résolues quand on sait que les Romains comptaient les jours de minuit à minuit, alors que pour les Juifs la journée allait de dix-huit heures à dix-huit heures – et que Jésus est mort non pas le vendredi (comme nous l'avons tous cru), mais un mercredi après-midi ! Alors, tout correspond parfaitement !

Bien sûr, certains problèmes demeurent – certains d'entre eux à cause de problèmes de traduction. Mais je me contente de croire en Dieu et attendant que toute la vérité se fasse.

c. Ses injonctions

La Bible affirme également son autorité. Ce n'est pas un livre d'opinions, même divines. Si la Bible est la Parole de Dieu, c'est l'autorité absolue et définitive et ma réponse ne peut être autre que de me soumettre à son régime. L'Église se range sous son autorité. La raison est « seconde » par rapport à elle. La seule question que je dois poser c'est, « Que signifie cette Parole ? »

Pour la caricaturer, on a appelé la Bible le « pape de papier du protestantisme ». Je précise tout d'abord que nous n'adorons pas le livre broché (ce qui serait de la bibliolâtrie), et ne le considérons pas comme le « vicaire du Christ » mais, une fois ces réserves exprimées, cette description de la Bible me convient parfaitement.

C'est la source infaillible de la vérité. Comme l'a écrit saint Augustin : « Je me soumets aux seules Écritures canoniques, sans conditions ». Et Luther a dit : « Ma conscience est captive de la Parole de Dieu ».

d. Son instruction

La Bible est aussi une source suffisante d'instruction. Ce fut le pivot de la Réforme : l'Écriture nous suffit. Commentaires, notes de la Bible et même les prédicateurs ne sont utiles que s'ils nous ramènent à la Bible elle-même. Nous n'avons besoin de rien d'autre, pour nous enseigner ce que nous devons croire et comment nous comporter.

e. Son interprétation

La Bible est son propre interprète. La réponse à la question habituelle, « Comment devons-nous interpréter ou comprendre le sens de l'Écriture ? S'explique-t-elle d'elle-même ? » La clé de l'Écriture c'est l'Écriture elle-même. Le plus souvent, un seul passage suffit à éclairer et faire comprendre le sens d'un texte difficile. Certes, nous devrions comparer l'Écriture avec l'Écriture, l'Ancien Testament avec le Nouveau. Ce qui est certain, c'est que la Bible ne peut pas se contredire – mais il est indispensable de la lire tout entière pour comprendre à fond chacun de ses versets.

f. Son intérêt

On dit souvent que la Bible est ennuyeuse, et il ne suffit pas de répondre, « mais, au contraire, je trouve qu'elle est fascinante ». À dire vrai, une grande partie est effectivement ennuyeuse et terne, sauf si l'on sait ce qu'on y cherche. Elle devient fascinante seulement quand on devient spirituellement vivant, parce que c'est un livre spirituel qui ne peut être apprécié que sur le plan spirituel. Mais quand on s'en approche correctement – c'est-à-dire avec la bonne motivation et guidé par l'Esprit – elle est vraiment fascinante. John Wesley se rappelait le jour où il a voulu « savoir une seule chose : comment aller au ciel ? ». Son cri était simple : « Donne-moi ce livre ! Comme les paraboles de Jésus, l'ensemble de l'Écriture est destiné pour ceux qui ont les yeux et les oreilles ouverts spirituellement. « Celui qui a des oreilles pour entendre, qu'il entende ».

g. Son intention

La Bible est claire sur sa propre intention : répondre à ce désir de John Wesley. C'est un livre qui enseigne comment aller au ciel. Dieu lui a donné naissance non pas pour nous divertir (et une grande partie n'a rien de divertissant !), ni pour instruire quant à l'histoire ou la science, ni à donner à la race humaine un manuel d'éthique – bien qu'elle raconte effectivement une bonne histoire, qu'elle s'avère scientifiquement vraie et qu'elle enseigne des principes d'éthique. Les Écritures nous sont données pour nous rendre « sages à salut ». C'est leur intention. Elles fournissent la connaissance de Dieu et de Christ qui apporte le salut, et elles nourrissent le croyant nouveau-né.

2. Peut-on étayer ces affirmations ?

Or, tout le monde en conviendra : les éléments énumérés ci-dessus correspondent à ce que la Bible affirme à son propre sujet. Mais normalement, nous n'acceptons pas l'autojustification. Existe-t-il des raisons convaincantes de croire que les prétentions de la Bible soient valides ? Je voudrais en suggérer sept.

a. Sa survie

La Bible a été plus violemment attaquée et sur une plus longue période que n'importe quel livre d'histoire. Elle a subi des attaques physiques – on l'a interdite et on en a brulé de nombreux exemplaires. Il a subi les attaques d'intellectuels qui n'ont que mépris et dérision pour elle. Pourtant, non seulement elle a survécu, mais elle se répand de plus en plus vite.

La Bible n'est pas confrontée à de nouvelles critiques. En effet, même les supposées « contradictions » qui y sont relevées à intervalles réguliers comme si elles constituaient de nouveaux arguments ont en fait été relevées dès le deuxième siècle par des auteurs comme Celse, Porphyre, Lucius et Dioclétien. Elle a résisté à toutes les tempêtes de nombreuses fois, et il en sera toujours s ainsi.

La Bible a toujours été le best-seller britannique chaque année, sauf une : en 1962, lorsque le roman de D.H. Lawrence, *L'amant de Lady Chatterley* – l'objet d'un procès tristement célèbre – est arrivé en tête des ventes. Certaines personnes ont sombrement prédit que la Bible ne pourrait plus désormais s'appeler le best-seller mondial. Qu'ils ne s'inquiètent pas : en 1963, la Bible avait regagné sa première place, et il en a toujours été ainsi.

Elle a été traduite en plus de deux mille langues, et on la lit plus aujourd'hui qu'à aucune autre période de son histoire mouvementée. « Le ciel et la terre passeront, dit Jésus, mais mes paroles ne passeront point ».

b. Son unité

La Bible est en fait composée de soixant-six livres rédigés par quelques 40 auteurs différents, et sa rédaction s'est étalée sur une période d'environ 1.500 ans, en trois langues, hébreu, araméen et grec. Elle n'a été prise en charge ni par un éditeur humain ni aucun comité organisateur. Pourtant, l'ensemble de ce livre présente une parfaite unité.

De la Genèse à l'Apocalypse, le seul thème de la Bible c'est notre salut dans Christ. Et il a un seul auteur ultime, le Saint-Esprit. C'est pourquoi chaque partie contribue à l'ensemble. Lettres, poésie, pièces épiques, prose, proverbes – toutes les formes littéraires – s'associent pour édifier le grand thème principal. Il s'agit d'un livre vivant, dont l'auteur est vivant.

c. Elle est inépuisable
Une petite fille demande à une vieille dame pourquoi elle passe tant de temps à lire sa Bible.

« Je révise pour mes examens finaux », lui répondit-elle.

C'est un livre qui récompense l'étude qu'on en fait, et même à la fin de toute une vie d'étude, il en reste toujours plus à découvrir. Je suis perpétuellement étonné de constater que je peux revenir à un passage que je connais bien et le lire comme si c'était la première fois, en y découvrant de nouvelles vérités et perspectives qui m'avaient échappées. C'est un signe de la profondeur de l'inspiration divine de la Bible. Vous ne pouvez jamais dire : « Je connais ce livre ». Les plus grands esprits n'en ont jamais sondé les profondeurs, tout simplement parce que l'homme ne peut épuiser que ce que l'homme a produit.

d. Sa pertinence
Vous êtes-vous déjà assis dans une chambre d'hôtel à lire la page de garde d'une bible Gédéon ? « Êtes-vous inquiet ? Vous est-il demandé – et le lecteur anxieux est orienté vers les passages pertinents. « Êtes-vous seul ? Effrayé ? En détresse morale ? Et, bien sûr, les fichiers des Gédéon sont remplis d'histoires de personnes qui se sont penchés sur les versets et estimé que c'était Dieu qui s'adressait directement à eux. C'est une autre

caractéristique de la Bible : sa pertinence.

Elle a beau être intemporelle, elle répond aux questions du moment, celles des jeunes et des vieux, tant pour les personnes dans la fleur de l'âge que les mourants ; la Bible parle comme aucun autre livre. Au cours des siècles, elle a exercé son influence sur des hommes, des femmes, issus de milieux tout à fait différents !

e. Ses prédictions

Au chapitre précédent, nous avons vu avec quelle précision la Bible a prédit l'avenir. Le meilleur test de qualité d'une prophétie c'est son accomplissement. Selon ce critère, aucun livre n'arrive à la cheville de la Bible. Près de 600 des événements prédits dans l'Écriture se sont déjà réalisés !

Par exemple, de nombreux détails au sujet de la naissance, la vie, la mort et la résurrection de Jésus étaient prédits dans l'Ancien Testament. Chacun d'eux s'est avéré authentique. Une seule personne dans l'univers connaît l'avenir avec tant de précision : Dieu. Il n'est donc pas exagéré, par conséquent, de dire que la Bible est la Parole de Dieu.

f. L'attitude de Jésus

Jésus, c'est évident, croyait que la Bible est la Parole de Dieu. « Il est écrit », ne cessait-il de dire ; il a utilisé l'Ancien Testament pour vaincre Satan dans le désert. Il a expressément approuvé toutes les parties de l'Ancien Testament. Il a appelé le Pentateuque – les livres de la Loi – la « Parole de Dieu ». Pas un iota (la plus petite lettre), ni trait de lettre (un point comme nos points sur les « i » et les barres sur les « t ») ne sera perdu. Il a dit des Psaumes, « L'Écriture ne peut être brisée », et il a notamment aussi inclus les prophètes dans la liste des textes authentiques des Écritures.

Le Nouveau Testament, bien sûr, ne fut écrit que quelque temps après la vie de Jésus, mais il a promis à ses auteurs un don spécial de l'Esprit-Saint pour rappeler tout ce que Jésus leur avait dit et révéler des choses nouvelles pour lesquelles ils n'étaient pas prêt durant sa vie terrestre (Jean 14:26 et 16:12). Pierre qualifie les écrits de Paul d'« Écriture » (2 Pierre 3:15,16) et Paul lui-même a proclamé qu'il écrivait sur l'ordre exprès du Seigneur : « Nous transmettons ceci non parce qu'on l'aurait appris de la sagesse humaine mais d'après l'enseignement de l'Esprit ».

g. La « preuve par le Saint-Esprit »
À certains égards, certaines des preuves les plus convaincantes des affirmations de la Bible ne peuvent être partagées avec les sceptiques.

Il s'agit du « témoignage intérieur » – le témoignage, dans nos cœurs par l'Esprit-Saint, de l'autorité de la Bible. Il est la preuve ultime pour le chrétien, mais il ne peut pas être découvert par l'intellect et parfois les personnes les plus sophistiquées passent totalement à côté de la plaque.

C'est ce témoignage qui parle à notre foi. « Mes brebis entendent ma voix, dit Jésus, et nous entendons sa voix à travers les paroles de l'Écriture. Cela confirme qu'il s'agit d'une parole vivante, répondant dans mon cœur à mes besoins les plus profonds. Plus vous vous rapprochez de quelqu'un, plus vous accordez de crédit à ses paroles ; plus on se rapproche de Dieu, plus nous avons confiance en sa Parole.

Un jour, nous jetterons nos Bibles, parce que nous n'en aurons plus besoin. J'ai encore mes vieux livres scolaires empilés quelque part dans une boîte à la maison, mais je ne sais pourquoi je les ai gardés. Ils ont rempli leur objectif depuis longtemps, et maintenant ils n'ont qu'une valeur sentimentale nostalgique.

Ainsi, même la Bible sera finalement rattrapée par l'histoire. Lors du retour de Christ, quand l'Église sera complète, toute sa vérité aura été révélée, toutes ses prophéties seront accomplies. Nous n'en aurons tout simplement plus besoin, parce que, grâce à la présence de Dieu, ses paroles feront partie de notre expérience immédiate.

Mais jusque-là nous avons besoin de la Bible... et comment ! Nous avons besoin de la voix vivante d'un Dieu vivant qui vient à nous, à travers ces pages, nous dire la vérité.

Et ce livre c'est *la* vérité. Non seulement source d'inspiration, mais inspirée, révélation inspirée par Dieu. En fin de compte, c'est cela le plus important : les mots de la Bible sont les paroles de Dieu. Contrairement à nous, Dieu ne peut jamais mentir. Ses paroles sont la vérité sur lui-même et sur nous, au sujet de son fils et de notre salut, à propos de ce monde qui est le sien et de notre avenir. Cette vérité, si on la connaît et qu'on en tient compte, offre la liberté. Nous ne pouvons pas garder le silence à ce sujet. Elle est la vérité et nous sommes irrésistiblement poussés à la crier sur les toits !

www.ingramcontent.com/pod-product-compliance
Lightning Source LLC
Chambersburg PA
CBHW052047070526
44584CB00017B/2088